LOS PLANES PROFÉTICOS DE CRISTO

Libros de John MacArthur publicados por Portavoz

¿A quién pertenece el dinero?
El andar del creyente con Cristo
El asesinato de Jesús
Avergonzados del evangelio
La batalla por el comienzo
Cómo obtener lo máximo de la Palabra de Dios
Cómo ser padres cristianos exitosos
Cómo sobrevivir en un mundo de incrédulos
El corazón de la Biblia
De tal manera amó Dios…
La deidad de Cristo
El diseño de Dios para tu familia
Distintos por diseño
El evangelio según Dios
La gloria del cielo
Jesús: Preguntas y respuestas
La libertad y el poder del perdón
El llamado de Cristo a reformar la iglesia
Llaves del crecimiento espiritual
Nada más que la verdad
Nuestro extraordinario Dios
El Pastor silencioso
Permaneciendo fiel en el ministerio
Piense conforme a la Biblia
Los pilares del carácter cristiano
El plan del Señor para la Iglesia
Los planes proféticos de Cristo (editor general)
El poder de la integridad
El poder de la Palabra y cómo estudiarla
El poder del sufrimiento
¿Por qué un único camino?
Porque el tiempo SÍ está cerca
Salvos sin lugar a dudas
Sé el papá que tus hijos necesitan
La segunda venida
Teología sistemática (coautor)
El único camino a la felicidad

Comentario MacArthur del Nuevo Testamento

Mateo
Marcos
Lucas
Juan
Hechos
Romanos
1 y 2 Corintios
Gálatas, Efesios
Filipenses, Colosenses y Filemón
1 y 2 Tesalonicenses, 1 y 2 Timoteo, Tito
Hebreos y Santiago
1 y 2 Pedro, 1, 2 y 3 Juan, Judas
Apocalipsis

LOS PLANES PROFÉTICOS DE CRISTO

GUÍA BÁSICA DEL PREMILENIALISMO FUTURISTA

EDITORES
JOHN **MACARTHUR**
RICHARD **MAYHUE**

EDITORIAL
PORTAVOZ

La misión de *Editorial Portavoz* consiste en proporcionar productos de calidad —con integridad y excelencia—, desde una perspectiva bíblica y confiable, que animen a las personas a conocer y servir a Jesucristo.

Traducción: Ricardo Acosta

Las cursivas en las citas bíblicas son énfasis de los autores.

EDITORIAL PORTAVOZ
2450 Oak Industrial Drive NE
Grand Rapids, Michigan 49505 USA
Visítenos en: www.portavoz.com

ISBN 978-0-8254-5930-6 (rústica)
ISBN 978-0-8254-6842-1 (Kindle)
ISBN 978-0-8254-7676-1 (epub)

1 2 3 4 5 edición / año 29 28 27 26 25 24 23 22 21 20

Impreso en los Estados Unidos de América
Printed in the United States of America

COLABORADORES

John MacArthur, D.D., presidente, The Master's University and Seminary. Editor general.

El doctor MacArthur es el pastor-maestro de la Grace Community Church en Sun Valley, California, y presidente de The Master's University and Seminary. Es un prolífico autor con muchos éxitos de ventas, entre ellos el *Comentario MacArthur del Nuevo Testamento, Teología sistemática* y *Nada más que la verdad.* Su estilo popular de exposición y enseñanza de la Biblia puede escucharse a diario en su programa radial de difusión internacional "Gracia a vosotros". John y su esposa Patricia tienen cuatro hijos adultos. También disfrutan la entusiasta compañía de sus quince nietos.

Richard Mayhue, Th.D., anterior vicepresidente ejecutivo y decano, The Master's Seminary. Editor general.

El doctor Mayhue ha escrito, colaborado con otros autores, y editado veinticinco libros, entre ellos *Teología sistemática: Un estudio profundo de la doctrina bíblica,* además de numerosos artículos en revistas y periódicos. Es activo en ministerios de conferencias bíblicas. Richard y su esposa "B" tienen dos hijos adultos y dos nietos.

Michael Vlach, Ph.D., profesor adjunto de Teología, The Master's Seminary.

El doctor Vlach ha escrito varios libros, entre ellos *Has the Church Replaced Israel?* Mike y su esposa Holly tienen cuatro hijos pequeños.

Nathan Busenitz, Ph.D., decano de la facultad y profesor asociado de Teología, The Master's Seminary.

Nathan es anciano de Grace Community Church. Ha escrito varios libros y artículos, entre ellos *Long Before Luther, Reasons We Believe, Living a Life of Hope* y *Men of the Word,* y ha colaborado con otros autores en *La hermenéutica de Cristo.* Nathan y su esposa Beth tienen cuatro hijos.

Matthew Waymeyer, Th.M., instructor de Exposición Bíblica, The Master's Seminary.

Matt se desempeñó como pastor principal de Community Bible Church en Vista, California, durante siete años antes de regresar a The Master's Seminary para enseñar a tiempo completo en 2011. Es el autor de *Revelation 20 and the Milenial Debate* y *A Biblical Critique of Infant Baptism.* Actualmente está realizando estudios de doctorado en Teología Sistemática en TMS. Matt y su esposa Julie tienen cinco hijos pequeños.

CONTENIDO

Prólogo

John MacArthur

Imagina este diálogo hipotético acerca del milenio entre dos cristianos bienintencionados. Uno anuncia con orgullo: "Soy 'promilenial', signifique lo que signifique el milenio y aunque realmente no podamos saberlo con certeza, ¡estoy a favor!". El otro responde: "Bueno, yo soy 'panmilenial'; aunque no es tan importante para los cristianos saber de profecía, estoy seguro de que, al final, todo 'saldrá bien'". El primer cristiano concluye que no se puede saber con seguridad lo que las Escrituras dicen sobre asuntos proféticos, y el segundo declara que no es importante saberlo. Los dos son sinceros, pero lamentablemente ignoran que las Escrituras están llenas de información sobre el futuro. Los cristianos de mente bíblica no tienen que conformarse con un planteamiento tan confuso en cuanto a la escatología.

Esta *guía básica* intenta proporcionar una explicación bíblica convincente y clara para el enfoque interpretativo de las Escrituras que dé lugar a una visión *futurista* conocible del reinado *milenial* de Cristo en la tierra, de la vigencia segura de las promesas de Dios para el futuro Israel y de las diferencias cruciales entre Israel (como pueblo y nación) y la Iglesia neotestamentaria. El dispensacionalismo, un término más amplio que "premilenialismo futurista" (véase diagrama en la p. 12), presenta claramente un gran contraste entre las relaciones pasadas y futuras de Dios con la nación de Israel y sus tratos con la Iglesia.

"Premilenialismo futurista" sirve como un término más enfocado que "dispensacionalismo" cuando se abordan cuestiones proféticas. El premilenialismo futurista contrasta con el premilenialismo histórico (o pacto), el cual es una de las tres principales opciones proféticas asociadas con la teología del pacto, junto con el amilenialismo y el posmilenialismo.

Muchas personas no entienden el término "dispensacionalismo", pero no tiene que ser así. El dispensacionalismo resulta básicamente de:

1. Interpretar normalmente las Escrituras como se haría con cualquier otra obra literaria, dando como resultado...
2. Comprender las promesas de restauración hechas a Israel en el Antiguo Testamento y los sucesos del Apocalipsis de Juan como futuros, lo que requiere...
3. Distinguir definitivamente entre Israel y la Iglesia.

Como resultado, los dispensacionalistas enseñan que Israel fue el objetivo principal del plan redentor de Dios en una dispensación. La Iglesia, compuesta por personas redimidas, tanto judías como gentiles, es el centro de atención en otra dispensación. Todos los dispensacionalistas creen que al menos una dispensación es aún futura: el reinado de mil años de Cristo en la tierra, conocido como el milenio, en el que Israel volverá a tener un papel central y durante el cual Jesucristo reinará en la tierra desde su trono en Jerusalén como Rey de reyes y Señor de señores.

Las dispensaciones no son simplemente períodos, sino diferentes aplicaciones en el desenvolvimiento del propósito redentor de Dios. Es fundamental entender que el camino de la salvación —solo por la gracia de Dios mediante la sola fe en Jesucristo— sigue siendo el mismo en cada dispensación. El plan redentor de Dios nunca cambia, pero la forma en que lo aplica ha variado de una dispensación a otra. Y las generaciones sucesivas desde la época de Moisés entendieron esta verdad con más detalle a medida que se desarrollaba la revelación de Dios, especialmente con el Nuevo Testamento.

Los dispensacionalistas esperan que se cumplan literalmente todas las promesas futuras de Dios para Israel de los pactos (abrahámico, davídico y nuevo), incluidas las promesas de bendiciones terrenales y de un reino mesiánico terrenal. Dios prometió a los israelitas que poseerían la tierra prometida por un tiempo prolongado y que sus descendientes florecerían (Gn. 13:14-17; Éx. 32:13). Las Escrituras predicen que el Mesías gobernará desde Jerusalén sobre los reinos de la tierra durante mil años (Zac. 14:9-11; Ap. 20:1-6). La profecía del Antiguo Testamento explica que todo Israel regresará un día a la tierra prometida (Am. 9:14-15), que el templo será reconstruido (Ez. 40:1–48:35) y que el pueblo de Israel será redimido (Jer. 23:6; Ro. 11:26-27).

El premilenialismo futurista resulta de comprender y aplicar las Escrituras proféticas en una manera que sea más coherente con el enfoque normal o literal[1] de interpretación bíblica. Si se tiene cuidado de no dar por supuesto un cierto resultado profético antes de interpretar la Biblia y se emplea un enfoque coherente y normal para comprender las Escrituras, entonces el premilenialismo futurista se adoptará como el verdadero plan profético de Dios de todos los tiempos. Los capítulos siguientes definen y analizan el enfoque bíblico que conduce al premilenialismo futurista, comenzando con por qué un cristiano debe estudiar profecía bíblica y terminando con razones convincentes de la certeza del regreso futuro y terrenal de Cristo.

1. E. R. Craven, editor, "The Revelation of John", en *Lange's Commentary on the Holy Scriptures* (1874; reimpresión, Grand Rapids: Zondervan, 1968), 12:98. "El *literalista* (así llamado) no es aquel que niega que en profecía se usa lenguaje *figurado* y *símbolos*, ni el que niega que en ella se exponen grandes verdades *espirituales*; su posición es simplemente que las profecías deben interpretarse *normalmente* (es decir, de acuerdo con las leyes aceptadas del lenguaje) como se interpretan todas las demás expresiones, lo que evidentemente es literal se considera como literal y que lo que es manifiestamente figurado se considera así".

EL PREMILENIALISMO FUTURISTA

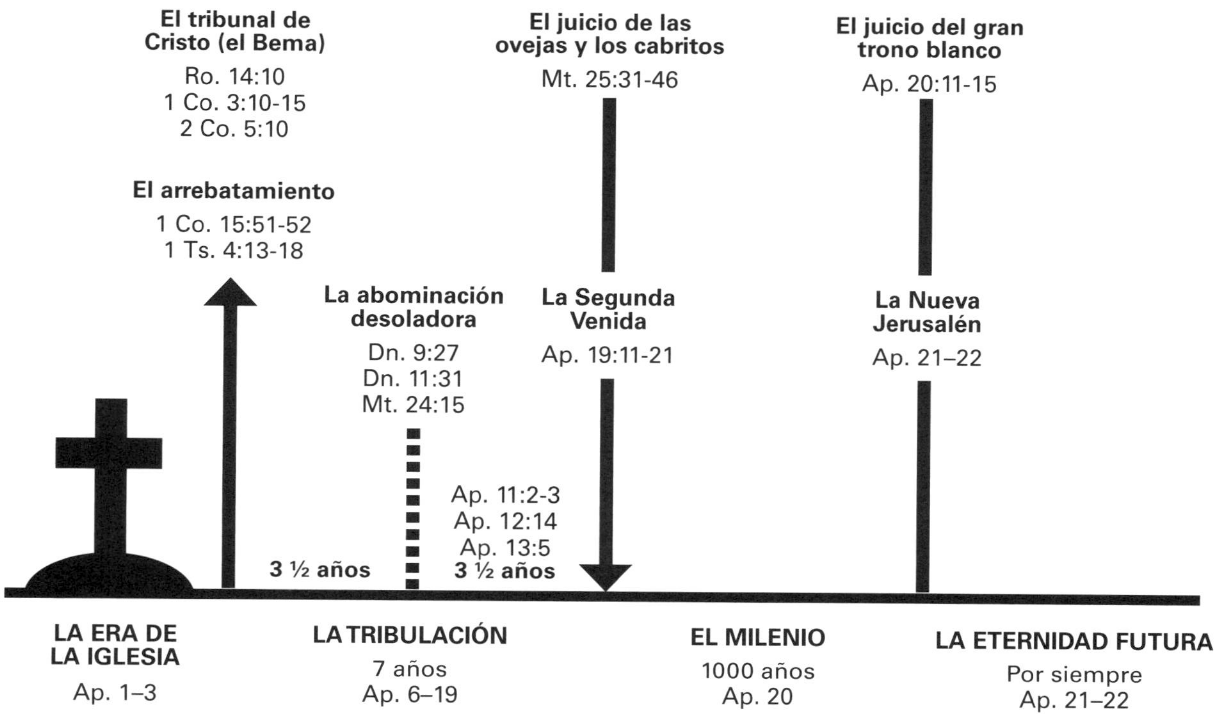

Tomado de Richard Mayhue, *First and Second Thessalonians* (Fearn, Ross-shire: Christian Focus, 1999).

Introducción

¿POR QUÉ ESTUDIAR PROFECÍA?

Richard Mayhue

He escuchado en más de una ocasión, y sin duda tú también, a personas que declaran con confianza que el estudio de la profecía bíblica es un asunto secundario o incluso opcional al compararla con doctrinas supuestamente más importantes como la de Cristo o la salvación.

Bueno, es verdad que una persona no entra en una relación redentora con Dios creyendo algún escenario profético particular, sino poniendo su fe en la persona, la obra de la cruz y la resurrección del Señor Jesucristo (Ro. 10:9-10; Ef. 2:8-10). Además, un creyente verdadero no necesariamente madura en la fe cristiana adoptando cierta idea escatológica (2 P. 3:14-18).

Sin embargo, la Biblia exhorta a los creyentes a interpretarla con exactitud (2 Ti. 2:15). Las Escrituras enseñan que la Palabra de Dios es útil para enseñar, reprender, corregir e instruir en justicia (2 Ti. 3:16-17). Incluso Dios promete su bendición sobre quienes conocen y obedecen las palabras de la profecía bíblica (Ap. 1:3; 22:7). Por otro lado, en ninguna parte del Antiguo o del Nuevo Testamento se sugiere que las porciones proféticas estén exentas de cuidadoso y detallado conocimiento y entendimiento.

Reflexiona en esto por un momento: ¿quién planeó, reveló y luego ejecuta las intenciones proféticas de Dios? ¿No fue Él solo quien planificó el final desde el principio (Is. 46:9-11)? ¿Reveló Dios en las Escrituras algo que sea tan poco importante o trivial que pudiera considerarse opcional para los cristianos (Hch. 20:20, 25, 27)? ¿En qué parte de la Biblia se halla el más leve indicio de que los asuntos proféticos deban evitarse porque podrían ser controversiales o difíciles de entender?

Entonces, comparemos con las Escrituras la afirmación de que el estudio de la profecía bíblica es secundario, en el mejor de los casos, a fin de descubrir la perspectiva de Dios sobre la cuestión. ¿Por qué deben los cristianos estudiar las Escrituras proféticas?

Contenido bíblico

Las Escrituras están llenas de material profético.[1] No existe ni siquiera el más leve indicio de que los materiales proféticos no deban tomarse en cuenta, o que deban hacerse a un lado o marginarse. Considera los siguientes hechos sobre información escatológica en la Biblia, especialmente la segunda venida de Cristo.

- En las Escrituras, sesenta y dos (94 por ciento) de los sesenta y seis libros contienen información escatológica (Rut, Cantar de los Cantares, Filemón y 3 Juan son las excepciones).
- En la Biblia, el 27 por ciento (8.352) de todos los versículos (31.124) se refieren a cuestiones proféticas.
- En la Palabra de Dios, el 22 por ciento (1.845) de todos los versículos proféticos (8.352) se refieren a la segunda venida de Cristo.
- Cada uno de los nueve autores del Nuevo Testamento mencionan la segunda venida de Cristo.
- Junto al tema de fe/salvación, el tema de la segunda venida de Cristo es el más prominente en el Nuevo Testamento.

1. J. Barton Payne, *Encyclopedia of Biblical Prophecy* (Grand Rapids: Baker, 1973). Las páginas 674-675 proporcionan amplias estadísticas bíblicas.

- Solo tres de los veintisiete libros del Nuevo Testamento no mencionan la segunda venida de Cristo (Filemón, 2 Juan y 3 Juan).
- De las aproximadamente 333 profecías bíblicas específicas que tratan con las dos venidas de Cristo, un tercio hablan de la primera venida y dos tercios de la segunda venida.

Recomendaciones y mandamientos bíblicos

Dios ordena y recomienda a lo largo de la Biblia el estudio a fondo de todas las Escrituras. Este tema aparece en la enseñanza de Cristo, en la predicación de los apóstoles y además en los escritos de Pablo y Pedro.

Mateo 28:19-20
"Id, y haced discípulos a todas las naciones, bautizándolos en el nombre del Padre, y del Hijo, y del Espíritu Santo; *enseñándoles que guarden todas* las cosas que os he mandado; y he aquí yo estoy con vosotros todos los días, hasta el fin del mundo".

Hechos 2:42
"Perseveraban en la *doctrina de los apóstoles,* en la comunión unos con otros, en el partimiento del pan y en las oraciones".

Hechos 5:20
"Id, y puestos en pie en el templo, anunciad al pueblo *todas las palabras de esta vida"*.

Hechos 20:27
"No he rehuido anunciaros *todo el consejo de Dios"*.

2 Timoteo 2:15
"Procura con diligencia presentarte a Dios aprobado, como obrero que no tiene de qué avergonzarse, *que usa bien la palabra de verdad"*.

1 Pedro 1:10-11

"Los profetas que profetizaron de la gracia destinada a vosotros, inquirieron y *diligentemente indagaron acerca de esta salvación, escudriñando* qué persona y qué tiempo indicaba el Espíritu de Cristo que estaba en ellos, el cual anunciaba de antemano los sufrimientos de Cristo, y las glorias que vendrían tras ellos".

Consecuencias bíblicas

Los beneficios de la vida y las bendiciones espirituales de conocer y obedecer las Escrituras proféticas enriquecen a todo cristiano comprometido. Las diez consecuencias positivas siguientes ilustran de manera representativa cómo y por qué la Biblia exalta el estudio de la profecía bíblica.

- La profecía cumplida demuestra que la Biblia es veraz e inspira confianza en las Escrituras (Hch. 13:32-35 con 42-44).
- El estudio de la profecía promueve obediencia y proporciona la puerta de entrada a la bendición de Dios (Ap. 1:3; 22:7).
- El material profético prepara a los santos para refutar a quienes se burlan de la esperanza cristiana (2 P. 3:1-13).
- La profecía proporciona respuestas a preguntas teológicas que no se encuentran en ninguna otra parte, como la relación entre la resurrección y el arrebatamiento (1 Ts. 4:13-18).
- La profecía ofrece motivación para vivir hoy en forma santa (1 Ts. 5:6-9; Tit. 2:11-14; 2 P. 3:11-13).
- La expectativa profética purifica (1 Jn. 3:2-3).
- La profecía proporciona una base bíblica para la oración (cp. Dn. 9:1-19 con Jer. 25:11-12).
- La profecía es fuente de esperanza, consuelo y ánimo para el cristiano (1 Ts. 4:18; 5:11; Tit. 2:13).
- El estudio de la profecía incita paciencia en medio del sufrimiento y las pruebas (Stg. 5:7-11).
- La profecía asegura que la persecución injusta a los justos será vengada por Dios (2 Ts. 1:5-10).

Confianza bíblica

¿Cuál será el fruto principal de estudiar la Palabra de Dios, incluso aquellas partes que explican la segunda venida de Cristo? El profeta Isaías escribió la respuesta con estas infalibles palabras dadas originalmente a Israel, pero que hoy día siguen siendo ciertas:

> Como desciende de los cielos la lluvia y la nieve, y no vuelve allá, sino que riega la tierra, y la hace germinar y producir, y da semilla al que siembra, y pan al que come, así será mi palabra que sale de mi boca; no volverá a mí vacía, sino que hará lo que yo quiero, y será prosperada en aquello para que la envié (Is. 55:10-11).

Capítulo uno

¿QUÉ ES EL DISPENSACIONALISMO?

Michael Vlach

Danny, de nueve años de edad, salió de la escuela dominical corriendo como un potrillo. Sus ojos se movían ágilmente de una dirección a otra mientras trataba de localizar a su papá o mamá. Por fin, al final de la rápida búsqueda, agarró a su papá por la pierna.

—¡Esa historia de Moisés y toda su gente atravesando el mar Rojo fue fabulosa! —gritó Danny.

Su padre lo miró, sonrió y le pidió al niño que se lo contara todo.

—Bueno, los israelitas salieron de Egipto, pero el faraón y su ejército los persiguieron. Así que los hebreos corrieron tan rápido como pudieron hasta que llegaron al mar Rojo. El ejército egipcio se acercaba cada vez más y más. Por tanto, Moisés agarró su transmisor portátil y le ordenó a la Fuerza Aérea israelí que bombardeara a los egipcios. Mientras eso ocurría, la Marina israelí construyó un puente flotante para que la gente pudiera cruzar. ¡Lo lograron!

—¿Es *así* como te enseñaron la historia? —preguntó el papá que, a estas alturas, estaba sorprendido.

—Bueno, no, no exactamente —admitió Danny—. Pero si te la cuento como nos la contaron, *no* la creerías, papá.

Esa es la manera en que muchos creen que los dispensacionalistas tratan las Escrituras proféticas. Tienen que animarlas para hacerlas creíbles. Pero nada podría estar más lejos de la verdad. Con algunas excepciones, los dispensacionalistas no quieren decir más ni menos de lo que la Biblia informa. El propósito de este capítulo es aclarar las cosas respecto al dispensacionalismo.

Mucho se ha escrito sobre el dispensacionalismo en general y el premilenialismo futurista en particular. Para entender con precisión el dispensacionalismo es necesario tener una perspectiva adecuada sobre lo que realmente implica este enfoque teológico. Por consiguiente, este capítulo expondrá las características esenciales o fundamentales del dispensacionalismo. Estas creencias definen el núcleo de la teología dispensacional: perspectivas que diferencian el dispensacionalismo de otros sistemas de teología, especialmente la teología del pacto. Para lograrlo analizaremos cómo sus principales representantes han definido la teología dispensacional, seguido por una lista de características únicas que abarca las creencias centrales del dispensacionalismo.

Antecedentes recientes del dispensacionalismo

En su libro *Dispensacionalismo hoy*, de 1974 (la edición en español), Charles Ryrie ofreció tres puntos que consideró esenciales o el *sine qua non* del dispensacionalismo: (1) distinción entre Israel y la Iglesia, (2) un sistema de hermenéutica que comúnmente se le llama interpretación literal, y (3) la creencia de que el propósito fundamental de Dios en el mundo es su gloria.[1] El *sine qua non* de Ryrie fue bien recibido por la mayoría de dispensacionalistas y a menudo lo usaron como punto de partida para explicar el dispensacionalismo. Los opositores también lidiaron con las recomendaciones de Ryrie y las utilizaron como puntos de partida para criticar la teología dispensacional.

1. Charles C. Ryrie, *Dispensacionalismo hoy* (Barcelona: Portavoz Evangélico, 1974), 26.

En su artículo de 1988, "Systems of Discontinuity" [Sistemas de discontinuidad], John Feinberg presentó seis "elementos esenciales del dispensacionalismo": (1) la creencia de que la Biblia se refiere a varios significados en cuanto a términos como "judío" y "semilla de Abraham"; (2) un enfoque a la hermenéutica, el cual enfatiza que el Antiguo Testamento debe tomarse en sus propios términos y no reinterpretarse considerando el Nuevo Testamento; (3) la convicción de que las promesas del Antiguo Testamento se cumplirán con el Israel nacional; (4) la creencia en un futuro particular para el Israel étnico; (5) la afirmación de que la Iglesia es un organismo diferente; y (6) una filosofía de la historia que resalta no solamente la soteriología y los aspectos espirituales, sino también los sociales, económicos y políticos.[2]

Aunque sin presentar una lista de "elementos esenciales", Craig Blaising y Darrell Bock ofrecen en su libro de 1993, *Progressive Dispensationalism* [Dispensacionalismo progresivo] una lista de "características comunes" del dispensacionalismo, las cuales incluyen: (1) autoridad de las Escrituras; (2) dispensaciones; (3) singularidad de la Iglesia; (4) significado práctico de la iglesia universal; (5) significado de la profecía bíblica; (6) premilenialismo futurista; (7) regreso inminente de Cristo; y (8) futuro nacional para Israel.[3]

No todas las características mencionadas en las listas anteriores, particularmente las de Blaising y Bock, son exclusivas del dispensacionalismo. Por ejemplo, muchos no dispensacionalistas creen en la autoridad de las Escrituras, en las dispensaciones y en el significado de la profecía bíblica. Algunos no dispensacionalistas también creen en el premilenialismo (sostienen que con la segunda venida de Cristo se establecerá un futuro reino milenial). George Ladd, por ejemplo, sostuvo el premilenialismo histórico mientras también argumentaba contra el premilenialismo futurista. En consecuencia, ser premilenialista no necesariamente convierte a alguien en dispensacionalista.

2. John S. Feinberg, "Systems of Discontinuity", en *Continuity and Discontinuity: Perspectives on the Relationship Between the Old and New Testaments*, ed. John S. Feinberg (Wheaton, IL: Crossway, 1988), 67-85.

3. Craig A. Blaising y Darrell L. Bock, *Progressive Dispensationalism: An Up-To-Date Handbook of Contemporary Dispensational Thought* (Wheaton, IL: Bridgepoint, 1993), 13-21.

La afirmación de Ryrie de que una característica del dispensacionalismo es creer que el propósito subyacente de Dios en el mundo es la gloria de Dios ha resultado polémica. Bien entendido, Ryrie señaló correctamente que los dispensacionalistas tienen un propósito más amplio de los propósitos de Dios en el mundo que los no dispensacionalistas que a menudo se enfocan principalmente en la doctrina de la salvación. Pero la terminología que Ryrie ofreció no fue útil. Muchos de los no dispensacionalistas toman en serio la gloria de Dios, y para ellos Ryrie parecía afirmar que los dispensacionalistas valoraban la gloria de Dios más que los no dispensacionalistas. Pero decirle a un teólogo del pacto que no enfatizaba la gloria de Dios tanto como un dispensacionalista no fue algo bien recibido. Así que, mientras había una sensación de que Ryrie tenía razón, su terminología no era tan clara como pudo haber sido. John Feinberg fue más preciso cuando puntualizó que los dispensacionalistas promueven más que sus colegas no dispensacionalistas una filosofía de la historia que resalta las implicaciones *espirituales y físicas* de los propósitos de Dios. Los dispensacionalistas enfatizan el cumplimiento tanto espiritual como físico de las promesas de los pactos bíblicos.[4] En este sentido, los dispensacionalistas son más completos que muchos no dispensacionalistas en su comprensión de los propósitos del reino de Dios.

Sin embargo, al examinar detenidamente las listas de Ryrie, Feinberg, y Blaising y Bock, se revelan tres aspectos importantes del dispensacionalismo. Primero, todas mencionan la singularidad de la Iglesia como una característica del dispensacionalismo. Aunque puede haber desacuerdo en algunos detalles de esta distinción, los dispensacionalistas están de acuerdo en que la Iglesia comenzó en Pentecostés (véase Hch. 2) y no debe identificarse como Israel.[5] Por tanto,

---

4. Amilenialistas más recientes como Anthony Hoekema han destacado el cumplimiento de las bendiciones bíblicas en el estado eterno venidero.

5. Según Blaising y Bock, "una de las grandes diferencias entre los dispensacionalistas progresivos y los precedentes es que los primeros no consideran a la Iglesia como categoría antropológica en la misma clase de términos como Israel, naciones gentiles, judíos y personas gentiles... la Iglesia es exactamente la propia humanidad redimida (judíos y gentiles) como existe en esta dispensación anterior a la venida de Cristo". *Progressive Dispensationalism*, 49.

todos los dispensacionalistas rechazan la "teología del reemplazo" o de "suplantación" que afirma que la Iglesia ha *reemplazado* o *desplazado* permanentemente a la nación de Israel como el pueblo de Dios.

Segundo, Ryrie, Feinberg, y Blaising y Bock señalan que los dispensacionalistas creen en un futuro para la nación de Israel; y afirman que las promesas y los pactos del Antiguo Testamento hechos con Israel se cumplirán en el futuro. Aunque los dispensacionalistas pueden discrepar sobre cuánto participa la Iglesia en las promesas y los pactos del Antiguo Testamento, están de acuerdo en que Israel experimentará una futura salvación y restauración.

Tanto Ryrie como Feinberg mencionan un tercer aspecto —un enfoque dispensacional a la hermenéutica— como algo distintivo del dispensacionalismo. Para Ryrie, los dispensacionalistas interpretan la Biblia en forma consistentemente literal (es decir, normal) mientras que los no dispensacionalistas no la interpretan así.[6]

Feinberg afirma que Ryrie fue "demasiado simplista" al declarar el asunto de este modo.[7] Según Feinberg, el tema de la hermenéutica "no es fácil", e indica que muchos teólogos no dispensacionalistas aseveran que interpretan literalmente la Biblia. No obstante, su interpretación literal difiere en algunos puntos del enfoque literal de los dispensacionalistas. Por tanto, para Feinberg, "la diferencia no está en la interpretación literal contra la no literal, sino en comprensiones distintas de lo que constituye una hermenéutica literal".[8]

De acuerdo con Feinberg, la diferencia entre la hermenéutica dispensacional y la no dispensacional se encuentra en tres aspectos: (1) la relación del progreso de la revelación con la prioridad de un testamento sobre el otro; (2) el entendimiento y las implicaciones del uso que el Nuevo Testamento hace del Antiguo; y (3) la comprensión y

---

6. Ryrie, *Dispensacionalismo*, 53.

7. John Feinberg, "Systems of Discontinuity", 73.

8. *Ibíd.*, 74. Saucy señala lo mismo: Sin embargo, "un análisis de los sistemas no dispensacionalistas revela que su enfoque 'menos que literal' de las profecías para Israel en el Antiguo Testamento no surgen realmente de una hermenéutica espiritualista o metafórica *a priori*. Al contrario, es el resultado de su interpretación del Nuevo Testamento usando la misma hermenéutica gramatical e histórica que la de los dispensacionalistas". Robert L. Saucy, *The Case for Progressive Dispensationalism: The Interface between Dispensational & Nondispensational Theology* (Grand Rapids: Zondervan, 1993), 20.

las implicaciones de la tipología.[9] En resumen, la diferencia principal radica en cómo los dispensacionalistas y los no dispensacionalistas ven la relación entre los testamentos.

El análisis de Feinberg es preciso. La diferencia principal entre los dispensacionalistas y los no dispensacionalistas en materia de hermenéutica no es simplemente interpretación "literal" contra "espiritual", sino el modo en que cada campo ve la relación entre los testamentos. Según afirma Herbert Bateman, el tema central es la "prioridad del testamento",[10] la cual es "una preferencia de presuposición de un testamento sobre el otro que determina el punto de partida de una hermenéutica literal histórico-gramatical de una persona".[11]

Las suposiciones de prioridad testamentaria del intérprete son especialmente significativas al interpretar el modo en que los escritores del Nuevo Testamento usan el Antiguo Testamento. Los dispensacionalistas quieren mantener un punto de referencia para el significado en el Antiguo Testamento. Desean hacer justicia a la intención original de los escritores del Antiguo Testamento tal como descubrió la hermenéutica histórico-gramatical. Por otra parte, los no dispensacionalistas enfatizan el Nuevo Testamento como su punto de referencia para entender el Antiguo. En otras palabras, empiezan con el Nuevo Testamento para entender el Antiguo. Feinberg explica la diferencia:

> Los no dispensacionalistas comienzan con la enseñanza del Nuevo Testamento como prioridad y luego regresan al Antiguo. Los dispensacionalistas empiezan a menudo con el Antiguo Testamento, pero dondequiera que comiencen exigen que el Antiguo Testamento se tome en sus propios términos en lugar de ser reinterpretado a la luz del Nuevo Testamento.[12]

---

9. John Feinberg, "Systems of Discontinuity", 73-74.

10. Herbert W. Bateman IV, "Dispensationalism Yesterday and Today", en *Three Central Issues in Contemporary Dispensationalism: A Comparison of Traditional and Progressive Views*, ed. Herbert W. Bateman IV (Grand Rapids: Kregel, 1999), 38.

11. *Ibíd.*

12. John Feinberg, "Systems of Discontinuity", 75. La opinión de Feinberg la apoya George Ladd, que no es dispensacionalista: "He aquí la línea divisoria básica entre

Por tanto, los no dispensacionalistas empiezan con el Nuevo Testamento para entender los pasajes proféticos del Antiguo. Y el Nuevo Testamento es la lente para ver el Antiguo. Esto es lo que a menudo conduce a una comprensión "no literal" de los textos del Antiguo Testamento, ya que los no dispensacionalistas creen que el Nuevo Testamento aprueba menos las comprensiones literales de los pasajes del Antiguo, en especial los textos proféticos sobre Israel. En otras palabras, para los no dispensacionalistas, una interpretación literal del Nuevo Testamento aprueba una comprensión no literal de algunos pasajes del Antiguo, especialmente los relacionados con Israel.

Seis creencias esenciales del dispensacionalismo

Esta sección presenta las creencias esenciales del dispensacionalismo. Por "esenciales" me refiero a creencias primordiales que son centrales y únicas al sistema, creencias sobre las cuales el sistema se apoya o cae. También hay creencias que si alguien las niega probablemente se convertiría en no dispensacionalista. Esta lista toma en consideración las contribuciones de Ryrie, Feinberg, y Blaising y Bock, pero también ofrece mis propias diferenciaciones que espero que aporten claridad.

1. La revelación progresiva del Nuevo Testamento no interpreta los pasajes del Antiguo en tal forma que anule la intención original de los escritores del Antiguo Testamento según lo determinado por la hermenéutica histórico-gramatical.

Este primer punto, un asunto hermenéutico, es el más fundamental de todos. En su totalidad, los dispensacionalistas afirman que el *punto de partida* para entender los pasajes del Antiguo Testamento son los mismos pasajes originales del Antiguo Testamento. El significado

una teología dispensacional y una no dispensacional. El dispensacionalismo forma su escatología mediante una interpretación literal del Antiguo Testamento y luego encaja el Nuevo Testamento en ella. Una escatología no dispensacional forma su teología de la enseñanza explícita del Nuevo Testamento". George Eldon Ladd, "Historic Premillennialism", *The Meaning of the Millennium: Four Views*, ed. Robert G. Clouse (Downers Grove, IL: IVP, 1977), 28.

de los textos del Antiguo Testamento no se encuentra principalmente en las interpretaciones del Nuevo. El Nuevo Testamento puede, con revelación progresiva, iluminar pasajes del Antiguo, ofrecer comentarios o añadir aplicaciones o referentes adicionales, pero el Nuevo Testamento no invalida la intención original de los escritores del Antiguo. En el progreso de la revelación, los escritores del Nuevo Testamento pueden proporcionar más en la manera de aplicación o cumplimiento de pasajes del Antiguo, pero no anular ni transferir el significado de pasajes del Antiguo Testamento en una manera que vaya contra lo que sus escritores desearon originalmente. Por tanto, como Paul D. Feinberg establece, "el sentido de cualquier predicción del Antiguo Testamento debe determinarse por la aplicación de hermenéutica histórico-gramatical a ese texto".[13] Bruce A. Ware aplica este principio a las promesas hechas a Israel:

> No puede haber ninguna duda de que los profetas pretendían comunicar la promesa de un regreso nacional de Israel a su tierra. En la medida que nuestra hermenéutica esté regulada por el principio de intención del autor, tenemos suficientes razones para aceptar esta interpretación literal de lo que Dios, por medio de los profetas, prometió originalmente a su pueblo Israel.[14]

Veamos como ejemplo un pasaje clave. Hebreos 8:8-12, que cita el pasaje original de Jeremías 31:31-34 del nuevo pacto y ciertamente incluye a la Iglesia en las bendiciones espirituales del nuevo pacto. Pero ya que el nuevo pacto fue prometido originalmente a Israel, el cumplimiento total del pacto debe involucrar al Israel nacional. El autor de Hebreos incluye a la Iglesia en las bendiciones del nuevo pacto, pero no excluye al Israel nacional del pacto. Por tanto, el nuevo pacto tiene en sí un elemento integrador: tanto Israel como la Iglesia. La Iglesia se relaciona con el nuevo pacto (He. 8:8-13), e Israel

---

13. Paul Feinberg, "Hermeneutics of Discontinuity", en *Continuity and Discontinuity*, 123.

14. Bruce A. Ware, "The New Covenant and the People(s) of God", en *Dispensationalism, Israel and the Church: The Search for Definition*, eds. Craig A. Blaising and Darrell L. Bock (Grand Rapids: Zondervan, 1992), 93.

se relacionará con el nuevo pacto en la segunda venida de Cristo (véase Ro. 11:25-27). Bock tiene razón cuando declara: "La inclusión adicional de algunos en la promesa no significa que los destinatarios originales queden excluidos. *La expansión de la promesa no significa necesariamente la anulación de compromisos anteriores que Dios ha hecho.* La comprensión actual de la esperanza del nuevo pacto para los gentiles no significa que la promesa hecha a Israel en Jeremías 31 se haya descartado".[15]

Este enfoque es diferente del que sostienen los no dispensacionalistas, que a menudo ven que el nuevo pacto se cumple totalmente con la Iglesia en tal manera que no incluye al Israel nacional. Con este enfoque se cree que las bendiciones físicas y materiales del nuevo pacto encuentran un cumplimiento más espiritual o menos literal con la Iglesia, a la cual se considera ahora el nuevo o verdadero Israel.[16] Por tanto, no se debería buscar una inclusión futura del Israel nacional en el pacto.

El principio dispensacional de mantener la intención original de los textos del Antiguo Testamento tiene gran importancia para entender los pactos eternos e incondicionales dados a Israel en el Antiguo Testamento (abrahámico, davídico y nuevo). John Feinberg señala que los pactos incondicionales de Dios con Israel garantizan que el Nuevo Testamento nunca presentaría la idea de que Dios no cumpliría sus pactos y promesas con Israel, el pueblo con el cual se hicieron sus promesas originales. Para hacer eso, Dios tendría que contradecirse, y eso no es posible. Si una promesa del Antiguo Testamento está hecha de manera incondicional con un grupo específico como Israel, entonces esa promesa debe cumplirse con ese grupo. El progreso

---

15. Blaising y Bock, *Progressive Dispensationalism*, 103-4. Cursivas en el original.

16. Quienes creen que Hebreos 8:8-13 indica que la Iglesia hereda totalmente el nuevo pacto incluyen a Bruce K. Waltke, "Kingdom Promises as Spiritual", en *Continuity and Discontinuity*, 281; Wayne Grudem, *Teología sistemática: Una introducción a la doctrina bíblica* (Miami: Editorial Vida, 2007), 907; O. Palmer Robertson, *The Christ of the Covenants* (Phillipsburg, NJ: P&R, 1980), 289; Hans K. LaRondelle, *Israel of God in Prophecy: Principles of Prophetic Interpretation* (Berrien Springs, MI: Andrews University Press, 1983), 116-18; John Bright, *The Kingdom of God: The Biblical Concept and Its Meaning for the Church* (Nashville: Abingdon, 1953), 228-29; Willem A. VanGemeren, "A Response", en *Dispensationalism, Israel and the Church*, 337.

de la revelación no puede anular promesas incondicionales a Israel. Feinberg declara:

> Si una profecía o promesa del Antiguo Testamento se hace en forma incondicional a un pueblo dado y todavía no se cumple incluso en la era del Nuevo Testamento, entonces la profecía aún debe cumplirse a ese pueblo. Aunque una profecía dada de manera incondicional a Israel tenga cumplimiento para la Iglesia si el Nuevo Testamento la *aplica* a la Iglesia, también debe cumplirse para Israel. El progreso de la revelación no puede anular promesas incondicionales.[17]

David L. Turner señala que "los teólogos del pacto y dispensacionalistas no están de acuerdo sobre la naturaleza de la revelación progresiva".[18] Así escribe: "Cada grupo acusa al otro de interpretar erróneamente el Nuevo Testamento debido a presuposiciones extrañas".[19] Turner enseña que los dispensacionalistas niegan que el Nuevo Testamento reinterprete las promesas del Antiguo Testamento para Israel: "Opinan que el NT no proporciona ninguna 'reinterpretación' de la profecía del AT que anularían las promesas que el AT hace a Israel de un reino histórico futuro. Según la opinión de ellos, el uso que el NT hace del AT no modifica radicalmente las promesas del AT para Israel".[20] Turner sostiene que la comprensión no dispensacional pone en duda la fidelidad de Dios hacia Israel: "Si la reinterpretación del NT reinvierte, anula o modifica seriamente las promesas del AT para Israel, podríamos preguntar cómo definir la palabra 'progresiva' [en revelación progresiva]. También debe explicarse la fidelidad de Dios en cuanto a sus promesas para Israel".[21]

Ryrie también afirma que el Nuevo Testamento no contradice el significado de los textos del Antiguo, cuando declara: "Una nueva revelación no puede significar revelación contradictoria. Una revela-

17. John Feinberg, "Systems of Discontinuity", 76, cursivas en el original.
18. David L. Turner, "The Continuity of Scripture and Eschatology: Key Hermeneutical Issues", *Grace Theological Journal* 6:2 (1985): 280.
19. *Ibíd.*, 280-81.
20. *Ibíd.*, 279.
21. *Ibíd.*, 281.

ción posterior sobre un tema no hace a la anterior algo diferente".[22] Ryrie continúa: "Si esto fuera así, entonces la Biblia estaría llena de contradicciones y Dios tendría que concebirse como quien engañó a los profetas del Antiguo Testamento cuando les reveló un reino nacionalista, puesto que hubiera sabido siempre que cambiaría completamente el concepto en una posterior revelación".[23] Para Ryrie, el concepto de revelación progresiva puede compararse con un edificio en construcción: "La superestructura no reemplaza las bases".[24] Por tanto, mantener la intención autoral original de los pasajes del Antiguo Testamento es un elemento esencial del dispensacionalismo.

2. *Los tipos existen, pero el Israel nacional no es un tipo que sea reemplazado por la Iglesia.*

El asunto de la tipología tiene implicaciones significativas para la escatología. Los no dispensacionalistas sostienen que el Israel nacional funcionó como un tipo de la Iglesia del Nuevo Testamento. Una vez revelado el mayor antitipo (el "cumplimiento" del tipo), la Iglesia, el lugar de Israel como el pueblo de Dios fue sobrepasado y sustituido por la Iglesia.[25]

Los dispensacionalistas también creen en los tipos, pero adoptan un enfoque diferente para comprender a Israel en relación con la tipología. John Feinberg, por ejemplo, señala que la naturaleza de las promesas incondicionales a Israel tiene implicaciones para comprender la relación de Israel con la tipología. Aunque se reconoce la existencia de tipos del Antiguo Testamento que prefiguran las realidades del Nuevo Testamento, las personas con las que se hicieron las promesas no eran tipos:

> La incondicionalidad de las promesas a Israel garantiza que el Nuevo Testamento ni siquiera implícitamente elimina de

---

22. Ryrie, *Dispensacionalismo hoy*, 55.

23. *Ibíd.* George N. H. Peters concuerda: "Si no se buscaba una restauración; si todo debía entenderse de manera típica, espiritual o condicional, entonces sin duda el lenguaje se calculó en forma eminente para engañar a los oyentes". George N. H. Peters, *Theocratic Kingdom of Our Lord Jesus: The Christ as Covenanted in the Old Testament*, vol. 2 (1884; reimpresión, Grand Rapids: Kregel, 1988), 51.

24. Ryrie, *Dispensacionalismo hoy*, 55.

25. Véase LaRondelle, *The Israel of God in Prophecy*, 45.

> Israel tales promesas. Las leyes e instituciones civiles y ceremoniales del AT son sombras y se eliminan explícitamente en el NT. Pero las promesas incondicionales no son sombras, como no lo son las personas a quienes se les hicieron dichos ofrecimientos.[26]

Aunque también reconoce la existencia de tipos, Paul Feinberg no ve a Israel como un símbolo de la Iglesia: "Mientras que la interpretación histórico-gramatical permite símbolos, tipos y analogías, no veo evidencia de que Israel sea un símbolo de la Iglesia, Palestina de la nueva Jerusalén, y otros".[27] Se debe tener cuidado al determinar cuándo el Nuevo Testamento anula un tipo del Antiguo Testamento. John Feinberg declara: "Si el antitipo del Nuevo Testamento anula el significado del tipo del AT, el NT debe informárnoslo".[28]

¿Afirman los dispensacionalistas que no existe relación tipológica alguna entre Israel y la Iglesia? No necesariamente. Por ejemplo, Saucy sostiene que la nación de Israel no es un tipo en el sentido de que Israel ha transcendido por una realidad espiritual mayor, la Iglesia. Sin embargo, él también cree que hay una correspondencia histórica y teológica entre Israel y la Iglesia que puede tener implicaciones tipológicas. Saucy explica: "Si un tipo se entiende como sombra que indica hacia la realidad de un antitipo, entonces es cuestionable que Israel sea un tipo".[29] Por otra parte, si un tipo se ve en términos de una correspondencia entre dos grupos, entonces puede existir una relación tipológica entre Israel y la Iglesia:

> Si un tipo se define como una correspondencia general histórica y teológica, entonces las muchas analogías entre el Israel del Antiguo Testamento y el pueblo de Dios del Nuevo Testamento muy bien pueden explicarse viendo a Israel como un tipo de la Iglesia. Pero la correspondencia con las acciones de Dios entre el Israel del Antiguo Testamento no negaría en

26. John Feinberg, "Systems of Discontinuity", 76.
27. Paul Feinberg, "Hermeneutics of Discontinuity", 124.
28. John Feinberg, "Systems of Discontinuity", 79.
29. Saucy, *The Case for Progressive Dispensationalism*, 32.

> este entendimiento de la tipología la existencia continua de esa nación en el futuro.[30]

Por tanto, puede haber una relación tipológica entre Israel y la Iglesia, pero esta relación no tiene que ver con que la Iglesia reemplace al Israel nacional. Por el contrario, la relación tipológica es la de una correspondencia histórica y teológica que revela una relación íntima entre Israel y la Iglesia.

No obstante, esta relación tipológica entre el Antiguo y el Nuevo Testamento no altera el sentido original de las promesas del Antiguo Testamento para Israel. David L. Turner explica: "La tipología y analogía auténticas entre el AT y NT no deberían considerarse destructivas para el cumplimiento literal de las promesas del AT para Israel, sino más bien como indicación de una mayor continuidad entre Israel y la Iglesia".[31] Por tanto, cualquiera que sea la relación tipológica que exista entre Israel y la Iglesia, esta no puede entenderse en el sentido de que el significado de Israel ha sido desplazado y sustituido por la Iglesia.

3. Israel y la Iglesia son diferentes, entonces la Iglesia no puede ser identificada como el nuevo o verdadero Israel.

Según indican las listas de Ryrie, Feinberg, y Blaising y Bock, todos los dispensacionalistas están unidos en sostener que no puede equipararse a la Iglesia del Nuevo Testamento con un Israel "nuevo" o "verdadero". Puede haber diferencias de opinión cuando se trata de los aspectos específicos de la relación entre la Iglesia e Israel o la relación exacta de la Iglesia con los pactos bíblicos, pero todos los dispensacionalistas rechazan una "teología del reemplazo" o "sustitución" en la que se ve a la Iglesia del Nuevo Testamento como reemplazo o cumplimiento de la nación de Israel como el pueblo de Dios.[32]

Los dispensacionalistas tradicionales y progresivos tienen diferencias

---

30. *Ibíd.*, 31-32. Véase también W. Edward Glenny, "The Israelite Imagery of 1 Peter 2", en *Dispensationalism, Israel and the Church*, 180.

31. Turner, "The Continuity of Scripture", 282. Véase también Howard Taylor, "of the People of God in Old and New Testaments", *Scottish Bulletin of Theology* 3 (1985): 14-15.

32. Para un caso en contra del supersesionismo desde una perspectiva dispensacional, véase Craig A. Blaising, "The Future of Israel as a Theological Question", *Journal of the Evangelical Theological Society* 44:3 (2001): 435-50.

sobre cómo ven a la Iglesia. Los tradicionales tienden a ver a la Iglesia como un grupo antropológico distinto, mientras que los progresivos son más propensos a verla como una comunidad soteriológica o de nuevo pacto que comienza con los acontecimientos de Hechos 2.[33] Pero ambas partes están de acuerdo en que no existe evidencia bíblica para indicar que la Iglesia es el nuevo o verdadero Israel que sustituye para siempre al Israel nacional.

Los dispensacionalistas sí reconocen que los gentiles creyentes se han acercado a los pactos de Israel (véase Ef. 2:11-22), pero también señalan que el Nuevo Testamento distingue a Israel y la Iglesia de tal manera que descarta la idea de que la Iglesia se identifica ahora como Israel o que hereda completamente las promesas y los pactos de Israel con exclusión de la nación de Israel.

Por ejemplo, Arnold Fruchtenbaum señala que el título *Israel* se usa un total de setenta y tres veces en el Nuevo Testamento, pero que siempre se usa para judíos étnicos: "De estas setenta y tres menciones, la gran mayoría se refiere al Israel nacional y étnico. Algunas se refieren específicamente a creyentes judíos que siguen siendo judíos étnicos".[34] Saucy confirma este punto cuando dice: "La evidencia del NT revela que, aparte de unas pocas referencias en disputa... el nombre Israel se relaciona con el pueblo 'nacional' del pacto del AT".[35] Para los dispensacionalistas, es significativo que el Nuevo Testamento se refiera constantemente a la nación de Israel como "Israel" incluso después del establecimiento de la Iglesia. A Israel se le nombra como una nación en contraste con los gentiles después que la Iglesia se estableciera en Pentecostés (Hch. 3:12; 4:8, 10; 5:21, 31, 35; 21:28). Ryrie observa: "En la oración de Pablo por el Israel natural (Ro. 10:1) hay una clara referencia a Israel como nación que le diferencia de la Iglesia como entidad aparte".[36]

Ryrie argumenta que el vínculo del Israel nacional con los pactos

33. Para más sobre esta distinción, véase Blaising y Bock, *Progressive Dispensationalism*, 49-51.

34. Arnold G. Fruchtenbaum, "Israel and the Church", en *Issues in Dispensationalism*, eds. Wesley R. Willis y John R. Master (Chicago: Moody, 1994), 120.

35. Robert L. Saucy, "Israel and the Church: A Case for Discontinuity", en *Continuity and Discontinuity*, 244-45.

36. Ryrie, *Dispensacionalismo hoy*, 79.

y las promesas del Antiguo Testamento, incluso en un estado de incredulidad, es una prueba más de que la Iglesia no ha absorbido las bendiciones de Israel:

> Pablo, refiriéndose obviamente al Israel natural como sus "parientes según la carne", les atribuye los pactos y las promesas (Ro. 9:3-4). Que estas palabras se escribieran después del inicio de la Iglesia es una prueba más de que esta no ha despojado a Israel de sus bendiciones. El término Israel sigue usándose para los descendientes naturales (no espirituales) de Abraham después que la Iglesia fuera instituida, y no se equipara con ella.[37]

Los dispensacionalistas también afirman que el libro de Hechos mantiene una distinción entre Israel y la Iglesia. En ese libro, tanto Israel como la Iglesia existen simultáneamente, pero el término *Israel* se usa veinte veces y *ekklesía* (iglesia) diecinueve veces. Sin embargo, los dos grupos siempre se mantienen separados.[38] Por tanto, el uso continuo del término "Israel" para los descendientes físicos de Jacob es evidencia de que la Iglesia no es Israel. Como Saucy explica: "La Iglesia no se... identifica con 'Israel', y tienen en común una identidad similar como pueblo de Dios disfrutando igualmente las bendiciones de la salvación escatológica prometida. Pero esta coincidencia no elimina todas las diferencias entre ellas".[39] En resumen, la distinción entre Israel y la Iglesia siguen siendo una característica determinante del dispensacionalismo.

4. Hay una unidad espiritual en la salvación entre judíos y gentiles y un papel futuro para Israel como nación.

Uno de los principales argumentos en contra del dispensacionalismo es que no hace justicia a la unidad que judíos y gentiles experimentan en Cristo. El énfasis en "un solo y nuevo hombre"

---

37. *Ibíd.*
38. Fruchtenbaum, "Israel and the Church", 118.
39. Saucy, *The Case for Progressive Dispensationalism*, 210. Para Saucy "es la carencia de características nacionales lo que distingue a la Iglesia de Israel" (210).

(Ef. 2:15) y "un solo cuerpo" (Ef. 2:16) en el Nuevo Testamento se entiende como que no puede haber un papel futuro para Israel, ya que supuestamente la unidad en Cristo lo descarta. En referencia a Efesios 2, Anthony Hoekema declara: "Todo pensamiento de un propósito separado para con los creyentes judíos queda aquí excluido".[40] Con respecto a Efesios 2:11-15, Raymond Zorn argumenta: "A través del cumplimiento de la ley por parte de Cristo ha llegado a su fin la exclusividad de Israel como nación santa y pueblo santo".[41] Wayne Grudem afirma que Efesios 2 "no da ninguna indicación de algún plan distintivo para que los judíos sean salvados aparte de la inclusión en un cuerpo de Cristo, la iglesia".[42] Según los no dispensacionalistas, parece improbable que Dios reúna a judíos y gentiles solo para hacer en el futuro una distinción entre los dos grupos. Hacer eso parece ir hacia atrás. Hoekema declara que esto es como volver a poner andamios en un edificio terminado:

> Sugerir que Dios tiene en mente un futuro aparte para Israel, a diferencia del futuro que ha planeado para los gentiles, en realidad va en contra del propósito de Dios. Es como volver a poner el andamiaje después de haber terminado el edificio. Es como volver hacia atrás el reloj de la historia, hacia los tiempos del Antiguo Testamento. Es imponer la separación del Antiguo Testamento sobre el Nuevo, y no tomar en cuenta el progreso de la revelación.[43]

Sin embargo, una creencia esencial del dispensacionalismo es que la unidad espiritual entre creyentes judíos y gentiles no anula sus distinciones funcionales ordenadas por Dios. Desde luego, en la esfera de la salvación y de la posición delante de Dios, los creyentes gentiles son iguales a los creyentes judíos. No obstante, la unidad entre judíos y gentiles no borra todas las distinciones étnicas o funcionales entre los dos grupos. Como Carl Hoch declara:

---

40. Anthony A. Hoekema, *La Biblia y el futuro* (Grand Rapids: Libros Desafío, s.f.), 163.
41. Raymond O. Zorn, *Christ Triumphant* (Carlisle, PA: Banner de Truth, 1997), 190.
42. Grudem, *Teología sistemática*, 907.
43. Hoekema, *La Biblia y el futuro*, 164.

> Los comentarios de Pablo en Efesios... excluyen cualquier prioridad salvadora para Israel en la estructura eclesiológica del nuevo hombre... Sin embargo, aunque ya no hay una ventaja *salvadora*, aún existe una distinción *étnica* entre judíos y gentiles. Pablo sigue hablando en sus cartas sobre judíos y gentiles como distintos grupos étnicos (Ro. 1:16; 9:24; 1 Co. 1:24; 12:13; Gá. 2:14, 15).[44]

Esta creencia dispensacional de que la igualdad salvadora no descarta las distinciones funcionales entre grupos se ve en otros casos de las Escrituras. Por ejemplo, según Gálatas 3:28 tanto hombres como mujeres participan igualmente de las bendiciones de la salvación, pero la Biblia enseña que los hombres y las mujeres tienen papeles diferentes (véase 1 Ti. 2:9-15). Por tanto, en el caso de ellos y ellas, la unidad salvadora no anula las diferencias funcionales. Lo mismo se aplica para ancianos y no ancianos en una iglesia. Ambos son iguales en esencia y tienen en común las mismas bendiciones espirituales, pero los ancianos tienen un papel distinto en el plan de Dios (véase He. 13:17). La misma distinción podría hacerse entre padres e hijos o incluso dentro de la Trinidad misma, en la cual hay igualdad de esencia entre los tres miembros de la deidad, pero distinciones funcionales dentro de esta unidad. Por tanto, la igualdad en esencia y las bendiciones espirituales no anulan en esta relación las distinciones funcionales. Según escribe Saucy:

> La unión de judíos y gentiles en la Iglesia no descarta la posibilidad de distinciones *funcionales* entre Israel y las demás naciones en el futuro, del mismo modo que hay distinciones funcionales entre los creyentes en la Iglesia hoy día en medio de igualdad espiritual.[45]

Por eso, cuando se trata del tema de la unidad salvadora entre creyentes judíos y gentiles *y* un papel futuro para Israel en un reino

---

44. Carl B. Hoch, hijo, "The New Man of Ephesians 2", en *Dispensationalism, Israel and the Church*, 118, cursivas en el original.

45. Saucy, *The Case for Progressive Dispensationalism*, 167, cursivas en el original.

milenial, el dispensacionalista declara: "Sí, esta es una situación de lo uno y lo otro".

5. La nación de Israel será salvada, restaurada con una identidad única, y funcionará en un futuro reino milenial sobre la tierra.

A menudo, los dispensacionalistas no han explicado bien este punto, pero es de suma importancia.[46] Con frecuencia, los dispensacionalistas afirman que creer en "un futuro para Israel" o en "la salvación de Israel" es una característica distintiva del dispensacionalismo. Pero estas declaraciones no son suficientemente específicas. Muchos de los no dispensacionalistas también afirman las dos declaraciones anteriores. Es más, una buena cantidad de no dispensacionalistas, incluidos muchos posmilenialistas y algunos amilenialistas, creen en una salvación literal de Israel basándose en las palabras de Pablo en Romanos 11:26 de que "todo Israel será salvo". Este punto de vista lo sostuvieron muchos de los teólogos de la era patrística. Más recientemente, esta comprensión de Romanos 11:26 la han promovido Handley C. G. Moule, John Murray, Leon Morris, F. F. Bruce y Wayne Grudem.[47] Así que no es correcto afirmar que creer en una salvación futura de Israel sea un punto de vista exclusivamente dispensacional.

Sin embargo, lo que distingue a todos los dispensacionalistas es que creen no solo en una *salvación* de Israel, sino también en una *restauración* de Israel. El concepto de "restauración" ciertamente incluye la idea de salvación, pero va más allá de eso. "Restauración" implica la idea de que Israel sea reinstalado como nación, en su tierra, con una identidad específica y con un papel de servicio a las naciones. En otras palabras, en un reino literal y terrenal, en un milenio, la nación de Israel desempeñará un papel funcional de servicio a las naciones. Este punto es algo que todos los dispensacionalistas afirman

46. Arnold Fruchtenbaum sería una extraordinaria excepción.

47. F. F. Bruce, *The Letter of Paul to the Romans: An Introducción and Commentary*, TNTC, vol. 6 (Grand Rapids: Eerdmans, 1985; reimpresión, 1990), 209; Grudem, *Teología sistemática*, 905 n. 17; Leon Morris, *The Epistle to the Romans* (Grand Rapids: Eerdmans, 1988), 421; Handley C. G. Moule, *The Epistle of St. Paul to the Romans* (Nueva York: A. C. Armstrong & Son, 1899), 311-12; John Murray, *The Epistle to the Romans*, 2 vols. (Grand Rapids: Eerdmans, 1997), 2:99.

mientras que todos los no dispensacionalistas niegan. Incluso los premilenialistas históricos, que están de acuerdo con los dispensacionalistas en los temas de una salvación nacional de Israel y un futuro reino milenial, no estarán de acuerdo con la idea dispensacional de que Israel será restaurado con una identidad y función únicas que son distintas de la Iglesia. Por consiguiente, hay una distinción entre decir que la nación de Israel se salvará dentro de la Iglesia y afirmar que la nación de Israel se salvará y restaurará con una identidad y un papel únicos en un milenio terrenal. Los dispensacionalistas sostienen lo último.

6. Hay múltiples sentidos de "simiente de Abraham"; de ahí que identificar a la Iglesia como "simiente de Abraham" no anula las promesas de Dios para "simiente de Abraham" judía creyente.

Gálatas 3:7 expresa que quienes ejercen la fe son "hijos de Abraham". Gálatas 3:29 también declara que quienes pertenecen a Cristo son "linaje de Abraham" y "herederos según la promesa". Los no dispensacionalistas han argumentado que debido a que los gentiles son "hijos" y "linaje" (o "simiente") de Abraham, deben también ser judíos espirituales.[48] Sin embargo, los dispensacionalistas han cuestionado este entendimiento, haciendo frente a la idea de que ser "hijo" o "simiente" de Abraham automáticamente hace judío a alguien. Por ejemplo, Saucy asevera que la paternidad de Abraham va más allá de ser el padre del Israel étnico, ya que él confió en Dios antes de ser reconocido como hebreo:

> Si Abraham fuera simplemente el padre de Israel, tendríamos que concluir que los gentiles que ahora forman parte de esta

48. Los siguientes escritores aseveran que Gálatas 3:7, 29 enseña que los creyentes gentiles son considerados judíos espirituales: Ladd, "Historic Premillennialism", 24; Hoekema, *La Biblia y el futuro*, 162; William Neil, *The Letter of Paul to the Galatians* (Cambridge: Cambridge University Press, 1967), 62; Robert B. Strimple, "Amillennialism", en *Three Views on the Millennium and Beyond*, ed. Darrell L. Bock (Grand Rapids: Zondervan, 1999), 88-89; LaRondelle, *The Israel of God in Prophecy*, 108; Bright, *The Kingdom of God*, 227; Bruce K. Waltke, "Kingdom Promises as Spiritual", en *Continuity and Discontinuity*, 267.

> simiente son por tanto parte de Israel. Pero según el Nuevo Testamento, Abraham es más que eso; se le presenta como el padre tanto del pueblo de Israel como de los gentiles. Aduciendo que Abraham fuera creyente antes de ser circuncidado (es decir, antes que fuera reconocido como hebreo), el apóstol Pablo lo reconoció como el "padre de todos los creyentes no circuncidados... y padre de la circuncisión" (Ro. 4:9-12; cp. v. 16).[49]

Como resultado, "el hecho de que la verdadera simiente de Abraham incluya tanto judíos como gentiles no descarta una distinción continua para Israel en el Nuevo Testamento. Denominar a los gentiles como simiente de Abraham no debe interpretarse como la formación de un 'nuevo Israel espiritual' que reemplaza a la nación de Israel del Antiguo Testamento".[50]

Los dispensacionalistas han argumentado que el concepto de "simiente de Abraham" se usa en maneras diferentes en el Nuevo Testamento. Por ejemplo, Fruchtenbaum enumera cuatro sentidos de "simiente de Abraham". En primer lugar, afirma que puede referirse a aquellos que son descendientes biológicos de Abraham. Segundo, puede referirse al Mesías, que es la única simiente individual de Abraham. Tercero, puede indicar el remanente justo de Israel (cp. Is. 41:8 con Ro. 9:6). Cuarto, puede ser usado en un sentido espiritual para creyentes judíos y gentiles (Gá. 3:29).[51] Es en este último sentido (el espiritual) que los creyentes gentiles son la simiente de Abraham. John Feinberg también distingue entre un sentido físico y uno espiritual de ser una simiente de Abraham. Según él, los que no apoyan la teología del reemplazo sostienen que "ningún sentido (especialmente el espiritual) es más importante que cualquier otro, y que ningún sentido anula el significado y las implicaciones de los otros".[52] En consecuencia, la aplicación de los títulos "hijos de Abraham" o "simiente

---

49. Saucy, *The Case for Progressive Dispensationalism*, 50.
50. *Ibíd.*
51. Véase Arnold G. Fruchtenbaum, *Israelology* (Tustin, CA: Ariel Ministries, 1996), 702.
52. John Feinberg, "Systems of Discontinuity", 73.

de Abraham" a creyentes gentiles no significa que estos sean judíos espirituales o parte de Israel.[53]

Estos seis puntos juntos constituyen la base de la teología dispensacional. Es sobre estos seis puntos que el dispensacionalismo se sostiene o cae.

53. Fruchtenbaum declara: "El reemplazo que los teólogos necesitan para probar su caso es una declaración en las Escrituras de que todos los creyentes son 'la simiente de Jacob'. Tal enseñanza indicaría que la Iglesia es el Israel espiritual o que los cristianos gentiles son judíos espirituales". Fruchtenbaum, "Israel and the Church", 126-27.

Capítulo dos

¿QUÉ NO ES EL DISPENSACIONALISMO?

Michael Vlach

Hace poco, mientras yo trotaba en una cinta de correr en un club local de salud, escuchaba atentamente en mi iPhone a un conocido maestro bíblico. Durante la sesión de preguntas y respuestas, alguien le preguntó qué pensaba sobre el dispensacionalismo. Él respondió que uno de sus mayores problemas con el dispensacionalismo era su doctrina de la salvación. En particular, argumentó que el dispensacionalismo enseñaba tricotomismo: la creencia de que los seres humanos se componen de tres partes: cuerpo, alma y espíritu. El maestro bíblico afirmó que debido a que el dispensacionalismo enseña que el alma y el espíritu son diferentes, esto conduce a la idea de que los cristianos pueden vivir corporalmente vidas carnales mientras espiritualmente viven para la gloria de Dios. Después de oír esto volví a escuchar sus comentarios para ver si lo había entendido correctamente. Y sí, dijo lo que creí que había dicho. Para este hombre, el dispensacionalismo estaba intrínsecamente vinculado con la creencia de que el alma y el espíritu son partes distintas de la constitución humana, lo que podría llevar a vivir impíamente.

Por desgracia, esta persona estaba muy equivocada. El tricotomismo no es necesariamente una creencia del dispensacionalismo, ni de cerca. Me pregunté cómo o de dónde sacó tal idea. Lo triste es que su audiencia quedó ese día creyendo que el dispensacionalismo aboga por una visión errónea de la salvación. Este es solo uno de muchos ejemplos en los que se ha tergiversado seriamente al dispensacionalismo.

A lo largo de su historia, el dispensacionalismo ha sido vinculado a menudo con puntos de vista periféricos que no son fundamentales a su teología, especialmente en lo que respecta a la doctrina de la salvación. Tales afirmaciones revelan una ignorancia de la verdadera naturaleza del dispensacionalismo. Por eso, este capítulo señalará algunos de los mitos o malentendidos comunes acerca de la teología dispensacional que deben eliminarse de todo análisis objetivo sobre este sistema teológico.

El dispensacionalismo y otras doctrinas

No todo sistema teológico tiene una relación directa con cada aspecto de la teología cristiana. Por ejemplo, la teología reformada tiene opiniones específicas sobre las doctrinas de las Escrituras, de la soberanía de Dios y de la salvación. Pero la teología reformada no conduce a ningún punto particular de vista de la escatología. A modo de ilustración, los teólogos reformados pueden ser amilenialistas, posmilenialistas o premilenialistas. Cualquier intento de vincular la teología reformada con una visión milenaria específica sería un error, ya que la teología reformada no se relaciona intrínsecamente con una perspectiva milenial específica.

El dispensacionalismo no tiene una relación directa con cada categoría de teología. Está vinculado intrínsecamente a algunos aspectos de teología, pero no se relaciona con otros. Se ocupa principalmente de las doctrinas de la eclesiología (iglesia) y la escatología (últimos tiempos). También se relaciona estrechamente con la hermenéutica y los principios de interpretación bíblica. Pero una doctrina que no se relaciona intrínsecamente con el dispensacionalismo es la soteriología, la doctrina de la salvación. Como John Feinberg, destacado dispensacionalista, escribe:

> El dispensacionalismo es muy importante con relación a la eclesiología y escatología, pero en realidad no trata [otras categorías de teología sistemática]. Algunos creen que la salvación está en el centro del dispensacionalismo, porque erróneamente piensan que el dispensacionalismo enseña múltiples métodos de salvación. Aquellos que entienden correctamente la posición se dan cuenta de que su énfasis está en otra parte.[1]

John MacArthur afirma que la escatología y eclesiología, no la soteriología, están en el centro del dispensacionalismo:

> Así, pues, el dispensacionalismo moldea la *escatología y eclesiología*. Eso es todo. El dispensacionalismo puro no tiene ramificaciones para las doctrinas sobre Dios, el hombre, el pecado o la santificación. Más importante aún, el verdadero dispensacionalismo no hace una contribución relevante a la *soteriología*, o doctrina de la salvación.[2]

El no dispensacionalista O. T. Allis hace eco de las conclusiones de Feinberg y MacArthur: "Las características principales de este movimiento [el dispensacionalismo] eran dos. La primera relacionada con la Iglesia... La otra tenía que ver con la profecía".[3]

Que el dispensacionalismo trate principalmente la eclesiología

---

1. John S. Feinberg, "Systems of Discontinuity", en *Continuity and Discontinuity: Perspectives on the Relationship between the Old and New Testaments*, ed. John S. Feinberg (Wheaton, IL: Crossway, 1988), 70-71.

2. John F. MacArthur, *Faith Works: The Gospel according to the Apostles* (Dallas: Word, 1993), 222. Véase el capítulo 7 donde MacArthur demuestra que la teología adecuada, especialmente el elemento de la soberanía de Dios, orienta al dispensacionalismo, pero el dispensacionalismo no orienta la teología adecuada.

3. Oswald T. Allis, *Prophecy and the Church* (Filadelfia: Presbyterian and Reformed, 1945), 9. Cuando Klooster examina los puntos de vista del dispensacionalismo sobre la ley y la gracia, Israel y la Iglesia y los pactos, declara: "Todo esto tiene que ver con diferencias significativas en escatología". Fred H. Klooster, "The Biblical Method of Salvation: A Case for Continuity", en *Continuity and Discontinuity*, 133-34. Según Richard, "la distinción entre soteriología y eclesiología como ramas principales de la teología sistemática permite al dispensacionalismo estar separado de los sistemas soteriológicos (calvinismo, arminianismo, etc.)". Ramesh P. Richard, "Soteriological Inclusivism and Dispensationalism", *Bibliotheca Sacra* 151/601 (enero-marzo 1994): 97, n. 44.

y la escatología (y no la soteriología) se evidencia también en las obras de otros dispensacionalistas destacados que han examinado la esencia del dispensacionalismo. Por ejemplo, el libro de Charles Ryrie, *Dispensacionalismo hoy,* dedicó un capítulo a "la salvación", pero este es principalmente una refutación de la acusación de que el dispensacionalismo enseñaba múltiples caminos de salvación. Ryrie no argumenta que el dispensacionalismo lleve intrínsecamente a algún punto de vista soteriológico. En su obra de 1993, *The Case for Progressive Dispensationalism* [El caso del dispensacionalismo progresivo], Robert L. Saucy analiza temas eclesiológicos, escatológicos y hermenéuticos relacionados con el dispensacionalismo, pero no promueve ninguna soteriología dispensacional en particular.[4]

En un libro de 1992 editado por Blaising y Bock, *Dispensationalism, Israel and the Church: The Search for Definition* [Dispensacionalismo, Israel y la Iglesia: La búsqueda de definición], varios autores dispensacionalistas escribieron sobre temas eclesiológicos, escatológicos y hermenéuticos, pero ninguno abogó por una soteriología dispensacional específica.[5] Lo mismo es válido para el libro de 1993 de Blaising y Bock, *Progressive Dispensationalism* [Dispensacionalismo progresivo].[6] A excepción de tratar conceptos erróneos acerca de puntos de vista dispensacionales sobre la ley y la gracia, no hay análisis directo de ninguna soteriología dispensacional. El dispensacionalista Paul Enns dedicó en su libro de 1989, *Compendio Portavoz de Teología,* un capítulo a la "teología dispensacional".[7] Allí ofreció un párrafo sobre el tema de la salvación. Sin embargo, el sentido general del párrafo fue refutar la percepción errónea de que el dispensacionalismo enseñaba múltiples maneras de salvación. No se mencionó ninguna soteriología dispensacional específica.

Estas obras de destacados dispensacionalistas son importantes porque revelan lo que está en el centro del dispensacionalismo. Cuando

---

4. Robert L. Saucy, *The Case for Progressive Dispensationalism: The Interface between Dispensational & Nondispensational Theology* (Grand Rapids: Zondervan, 1993).

5. Craig A. Blaising y Darrell L. Bock, eds., *Dispensationalism, Israel and the Church: The Search for Definition* (Grand Rapids: Zondervan, 1992).

6. Craig A. Blaising y Darrell L. Bock, *Progressive Dispensationalism: An Up-To-Date Handbook of Contemporary Dispensational Thought* (Wheaton, IL: Bridgepoint, 1993).

7. Paul Enns, *Compendio Portavoz de teología* (Grand Rapids: Portavoz, 2010).

destacados dispensacionalistas escribieron sobre dispensacionalismo, no vincularon al dispensacionalismo con perspectivas soteriológicas específicas. Cuando abordaron la soteriología, fue principalmente para contestar acusaciones de que el dispensacionalismo está vinculado con perspectivas erróneas sobre la salvación.

Para dejarlo claro, no estoy afirmando que los dispensacionalistas individuales no sostengan puntos de vista soteriológicos específicos. No obstante, es necesario hacer una distinción entre lo que los dispensacionalistas individuales sostienen sobre varios temas en teología y en qué se basa el dispensacionalismo como sistema. No prestar atención a esta distinción es un error fundamental de quienes vinculan el dispensacionalismo con perspectivas soteriológicas particulares. Feinberg afirma que están "reaccionando a lo que creen que los dispensacionalistas sostienen y no a la lógica del sistema en sí".[8]

Examinemos ahora cinco mitos comunes acerca del dispensacionalismo.

Mito 1: El dispensacionalismo enseña múltiples formas de salvación

Ryrie tiene razón cuando afirma que "la objeción que más frecuentemente se enuncia contra el dispensacionalismo es que afirma que dicho sistema enseña varias formas de salvación".[9] John Wick Bowman hizo esta acusación en 1956 cuando declaró que los dispensacionalistas "se quedan claramente con dos métodos de salvación".[10] En 1960, Clarence Bass argumentó que las distinciones dispensacionales entre la ley y la gracia, e Israel y la Iglesia, "inevitablemente resultan en una forma múltiple de salvación: que los seres humanos no se salvan de la misma manera en todas las edades".[11] Aunque estas acusacio-

8. John S. Feinberg, "Salvation in the Old Testament", en *Tradition and Testament: Essays in Honor of Charles Lee Feinberg*, eds. John S. Feinberg y Paul D. Feinberg (Chicago: Moody, 1981), 48.

9. Charles C. Ryrie, *Dispensacionalismo hoy* (Grand Rapids: Portavoz, 1974), 65.

10. Véase John Wick Bowman, "The Bible and Modern Religions II, Dispensationalism", *Interpretation* 10 (abril de 1956): 178.

11. Clarence B. Bass, *Backgrounds to Dispensationalism* (Grand Rapids: Eerdmans, 1960), 34. Véase también J. Barton Payne, *The Imminent Appearing of Christ* (Grand Rapids: Eerdmans, 1962), 31-32.

nes son infundadas, debemos reconocer que algunas afirmaciones de dispensacionalistas han sido confusas sobre este tema.[12] Esto fue especialmente cierto en el caso de la nota concerniente a Juan 1:17 en la *Scofield Reference Bible* [*Biblia anotada de Scofield*] de 1909:

> Como una dispensación, la gracia empieza con la muerte y resurrección de Cristo (Ro. 3:24-26; 4:24, 25). El punto de prueba ya no es la obediencia legal como condición para la salvación, sino aceptar o rechazar a Cristo, con buenas obras como fruto de la salvación.[13]

Algunos vieron en esta declaración una afirmación explícita de que Scofield —y todos los dispensacionalistas por extensión— creían en múltiples formas de salvación.[14] De modo significativo, las opiniones de Scofield en esa Biblia a menudo se igualaron con el dispensacionalismo, ya que este autor era considerado como el principal dispensacionalista de su época. Según Klooster, la percepción de que el dispensacionalismo enseñaba múltiples formas de salvación fue comúnmente aceptada por los no dispensacionalistas hasta 1965.[15] En este tiempo, Ryrie publicó *Dispensacionalismo hoy* donde respondió a la acusación de que el dispensacionalismo enseñaba varias formas de salvación.[16] Ryrie explicó que los primeros dispensacionalistas, entre ellos Scofield, no enseñaron múltiples formas de salvación, sino que hicieron "declaraciones descuidadas, las cuales, si hubieran sido hechas a la luz del debate actual, hubieran sido mejor expresadas".[17] Ryrie pidió además a los no dispensacionalistas que reconocieran el cambio significativo en la *Scofield Reference Bible* con relación a Juan 1:17 en

---

12. Como Feinberg ha observado: "Sin embargo, con toda sinceridad debe admitirse que las declaraciones hechas por ciertos dispensacionalistas en el pasado parecían enseñar varias maneras de salvación". Feinberg, "Salvation in the Old Testament", 42.

13. *Scofield Reference Bible* (Nueva York: Oxford, 1909), 1115, n. 1(2).

14. Véase William E. Cox, *Why I Left Scofieldism* (Phillipsburg, NJ: P&R, s.f.), 19.

15. Fred Klooster, "The Biblical Method of Salvation: Continuity", en *Continuity and Discontinuity*, 132.

16. Charles C. Ryrie, *Dispensacionalismo hoy* (Barcelona, España: Portavoz Evangélico, 1974), 65ss.

17. *Ibíd.*, 66.

que se eliminó la redacción controversial y se afirmó una declaración más clara de un solo camino de salvación. La nueva nota dice:

> Bajo la dispensación anterior se demostró que la ley era impotente para asegurar justicia y vida a una especie pecadora (Gá. 3:21-22). Antes de la cruz, la salvación del ser humano fue por medio de la fe (Gn. 15:6; Ro. 4:3), basándose en el sacrificio expiatorio de Cristo, visto de manera anticipada por Dios... ahora se revela claramente que la salvación y la justicia se reciben por fe en el Salvador crucificado y resucitado.[18]

Desde la publicación de *Dispensacionalismo hoy,* otros dispensacionalistas se han unido a Ryrie en aclarar este asunto. Saucy escribe: "A pesar de que no puede negarse que existe alguna tensión no resuelta en estas declaraciones anteriores, recientemente los dispensacionalistas han tenido más cuidado en explicar que la progresión en las dispensaciones no implica ningún cambio en el principio fundamental de salvación por gracia".[19]

Como resultado del trabajo de Ryrie, los escritos de otros dispensacionalistas, y la revisión de la *New Scofield Reference Bible,* algunos no dispensacionalistas se convencieron de que el dispensacionalismo no enseña múltiples formas de salvación. Fred H. Klooster es un ejemplo:

> Teniendo en cuenta esta significativa revisión en la *New Scofield Reference Bible* y los argumentos de dispensacionalistas tales como Ryrie y [John] Feinberg, debe desecharse la antigua acusación. Se debe partir del conocimiento de que el dispensacionalismo reconoce un solo camino de salvación a lo largo de las Escrituras. La salvación es ahora, y siempre ha sido, solo por gracia, ¡*sola gratia*! Este acuerdo es motivo de gozo; su reconocimiento no debe hacerse a regañadientes.[20]

---

18. *The New Scofield Reference Bible* (Nueva York: Oxford, 1967), 1124 n. 1(2).
19. Saucy, *The Case For Progressive Dispensationalism*, 14.
20. Klooster, "The Biblical Method of Salvation: Continuity", 133. Klooster afirmó incluso que existe "significativo acuerdo evangélico" entre los dispensacionalistas y los teólogos reformados sobre el tema de "una sola forma de salvación", 133.

La perspectiva de Klooster también fue dada a conocer por parte de Anthony Hoekema, quien escribió: "Reconocemos con gratitud su insistencia [de los dispensacionalistas] en que en cada era la salvación es solamente por la gracia, y tiene como base los méritos de Cristo".[21] Teniendo en cuenta la *New Scofield Reference Bible* y el *Dispensacionalismo hoy* de Ryrie, Daniel Fuller concluyó: "Al comparar estas declaraciones contemporáneas del dispensacionalismo con la teología del pacto, llegamos a la conclusión de que ya no hay ninguna diferencia sustancial entre ambos aspectos sobre el tema de la ley y el evangelio".[22]

Klooster, Hoekema y Fuller deben ser elogiados por evaluar objetivamente este asunto. Lo lamentable es que no todos los críticos del dispensacionalismo siguieron ese ejemplo. En su libro de 1991, *Wrongly Dividing the Word of Truth: A Critique of Dispensationalism* [Interpretación errónea de la Palabra de verdad: Una crítica al dispensacionalismo], John Gerstner acusó a todos los dispensacionalistas de enseñar más de una forma de salvación. Así escribió: "Debemos acusar lamentablemente a los dispensacionalistas (de todas las variedades) de enseñar, siempre de manera implícita y a veces explícita, que hay más de una forma de salvación, y de excluir incluso en el proceso de desarrollar esa teología, al único camino de esta dispensación de gracia".[23] Gerstner no explica por qué el dispensacionalismo debe llevar a una soteriología defectuosa, pero para él ese fue el caso. Sin embargo, *contrariamente a las afirmaciones de Gerstner, el dispensacionalismo no ha enseñado ni enseña múltiples formas de salvación.* Como señala John Feinberg, no hay nada inherente dentro del dispensacionalismo que lleve a los dispensacionalistas a concluir que la Biblia enseña múltiples

21. Anthony A. Hoekema, *La Biblia y el futuro* (Grand Rapids: Libros Desafío, s.f.), 158.

22. Daniel Fuller, *Gospel and Law: Contrast or Continuum?* (Grand Rapids: Eerdmans, 1980), 45. Erickson escribe: "Algunos críticos del dispensacionalismo han atribuido a sus partidarios una creencia en nuevas maneras o canales de salvación. Sin embargo, más correctamente, los dispensacionalistas dicen que, si bien se ha irradiado nueva luz sobre la relación entre Dios y el hombre, nunca se ha insinuado una nueva forma de entrar en esa relación". Millard J. Erickson, *A Basic Guide to Eschatology: Making Sense of the Millennium* (Grand Rapids: Baker, 1998), 110.

23. John H. Gerstner, *Wrongly Dividing the Word of Truth: A Critique of Dispensationalism* (Brentwood, TN: Wolgemuth & Hyatt, 1991), 168.

formas de salvación: "Es irrelevante la cuestión de si el dispensacionalismo requiere una visión de métodos múltiples de salvación, o una sola forma de posición en cuanto a la salvación. La soteriología no es el área determinante para el dispensacionalismo".[24]

Mito 2: El dispensacionalismo es inherentemente arminiano

Un segundo mito que a menudo se perpetúa es que el dispensacionalismo está intrínsecamente vinculado con el arminianismo.[25] Junto con esto se encuentra la afirmación de que el dispensacionalismo se opone al calvinismo. Por ejemplo, según Keith A. Mathison, "el dispensacionalismo adoptó una doctrina semipelagiana y arminiana no basada en las Escrituras".[26] Gerstner vio al dispensacionalismo como esencialmente "anticalvinista" y lo acusó de negar cada uno de los cinco puntos del calvinismo.[27] También declaró: "En sus puntos de vista de la creación del ser humano, la caída, la expiación, la soteriología y la escatología, este sistema es una variación del sistema arminiano".[28] J. I. Packer pareció impresionado con las afirmaciones de Gerstner cuando expresó: "[Gerstner] se propone demostrar que el calvinismo y el dispensacionalismo son radicalmente contrarios, y prueba su punto".[29]

La metodología de Mathison y Gerstner es apuntar a declaracio-

---

24. John Feinberg, "Salvation in the Old Testament", 48. No es exacto, como han aseverado Gerstner y algunos de los no dispensacionalistas mayores, que las distinciones dispensacionales entre Israel y la Iglesia conduzcan naturalmente a varias formas de salvación. Las distinciones entre grupos pueden existir sin que estén presentes diferentes métodos de salvación. No existe evidencia de que algunos teólogos dispensacionales destacados hayan enseñado alguna vez que las distinciones entre Israel y la Iglesia incluyeran la idea de diferentes métodos de salvación para ambos grupos.

25. El arminianismo toma su nombre de Jacobus Arminio (1560-1609) y el movimiento que siguió sus enseñanzas. El arminianismo es conocido por los siguientes puntos de vista: la elección condicional se basa en el conocimiento previo de Dios; la gracia de Dios puede ser resistida; la expiación de Cristo fue de alcance universal; el ser humano tiene libre albedrío: a través de la gracia preventiva puede cooperar con Dios; y el individuo puede perder su salvación por desobediencia. El arminianismo fue condenado por el Sínodo de Dort en 1619.

26. Keith A. Mathison, *Dispensationalism: Rightly Dividing the People of God?* (Phillipsburg, NJ: P&R, 1995), 50-51.

27. Gerstner, *Wrongly Dividing the Word of Truth*, 115.

28. *Ibíd.*

29. *Ibid., contraportada.*

nes tipo arminiano de los dispensacionalistas y luego declarar que el dispensacionalismo es compañero del arminianismo. No obstante, tienen razón en que algunos dispensacionalistas han promovido ciertas posiciones coherentes con ciertos aspectos de la teología arminiana. Este punto no está en discusión (aunque, en el mejor de los casos, es muy pequeña la cantidad de dispensacionalistas que se adhieren realmente al pie de la letra a todo el sistema arminiano). Sin embargo, el verdadero problema es si el dispensacionalismo está inherentemente relacionado con el arminianismo. Nuestra afirmación es que no lo está. Ofrecemos tres razones.

Primera, como ya hemos señalado, el dispensacionalismo tiene que ver principalmente con eclesiología, escatología y hermenéutica, no con soteriología. Al examinar si el dispensacionalismo se relaciona con el tema del arminianismo o calvinismo, John Feinberg explica por qué no es así:

> Ni el calvinismo ni el arminianismo están en la esencia del dispensacionalismo… Esta cuestión no se halla en la esencia del dispensacionalismo, porque el calvinismo y el arminianismo son muy importantes en relación con los conceptos de Dios, ser humano, pecado y salvación. El dispensacionalismo se vuelve muy importante respecto a eclesiología y escatología, pero realmente no sobre esos otros ámbitos.[30]

Segunda, hay dispensacionalistas que son calvinistas, incluso calvinistas de cinco puntos. Como David L. Turner explica: "Existen ciertos dispensacionalistas, incluido yo mismo, con teología calvinista, incluida la expiación limitada".[31] Además de Turner, el finado S. Lewis Johnson, hijo, fue otro dispensacionalista que creyó en cada uno de los cinco puntos del calvinismo.[32] Jeffrey Khoo señala que James Oliver Buswell (1895-1977) fue "premilenialista dispensacional" que

30. John Feinberg, "Systems of Discontinuity", 70.

31. David L. Turner, "'Dubious Evangelicalism'? A Response to John Gerstner's Critique of Dispensationalism", *Grace Theological Journal* 12:2 (otoño de 1991): 268.

32. S. Lewis Johnson, hijo, "The Testimony of John to Jesus", *Believers Bible Bulletin* (20 de diciembre de 1981), 3.

también fue "erudito reformado veraz y coherente... un calvinista de cinco puntos (T.U.L.I.P.)".[33] Buswell, miembro de la Bible Presbyterian Church, fue "tal vez el erudito reformado más prominente que adoptó un punto de vista premilenialista dispensacional".[34]

Tanto Mathison como Gerstner negaron un vínculo entre el dispensacionalismo y el calvinismo, pero no mostraron lógicamente por qué el dispensacionalismo es contrario al calvinismo. Tampoco demostraron por qué los teólogos dispensacionales como Johnson y Buswell no pueden ser calvinistas. En lugar de seleccionar unas cuantas afirmaciones de tipo arminiano de parte de dispensacionalistas, para dejar la impresión de que todos los dispensacionalistas son arminianos, los argumentos de Gerstner y Mathison serían más impresionantes si pudieran demostrar lógicamente por qué el dispensacionalismo es básicamente anticalvinista y por qué los dispensacionalistas que afirman ser calvinistas no lo son realmente. Sin embargo, no hay razón lógica de por qué un dispensacionalista no pueda ser calvinista. Richard Mayhue observa: "Un individuo puede ser calvinista de cinco puntos y dispensacionalista coherente".[35]

Por último, algunos eruditos no dispensacionales han documentado exactamente una estrecha relación histórica entre el dispensacionalismo y el calvinismo. Según Vern Poythress, "las enseñanzas y anotaciones de Scofield son... moderadamente calvinistas en que mantienen una perspectiva elevada de la soberanía de Dios".[36] El historiador de la Iglesia, George M. Marsden, manifiesta: "El dispensacionalismo fue básicamente reformado en sus orígenes del siglo XIX y más tarde en el mismo siglo se extendió en los Estados Unidos

---

33. Jeffrey Khoo, "Dispensational Premillennialism in Reformed Theology: The Contribution of J. O. Buswell to the Millennial Debate", *Journal of the Evangelical Theological Society* 44:4 (enero de 2001): 714.

34. *Ibíd.*, 698. Khoo mismo es dispensacionalista y también reformado: "Como ministro presbiteriano bíblico, soy reformado y partidario del sistema teológico del pacto. En el ámbito de la escatología, sostengo una visión premilenial que ve una distinción entre Israel como nación escogida de Dios y la Iglesia como cuerpo espiritual de Cristo. Con relación al arrebatamiento, acepto el punto de vista pretribulacional". Khoo, 716.

35. Richard L. Mayhue, "Who Is Wrong?", una reseña de John Gerstner, *Wrongly Dividing the Word of Truth, The Master's Seminary Journal* 3 (primavera de 1992): 89.

36. Vern S. Poythress, *Understanding Dispensationalists*, segunda edición (Phillipsburg, NJ: P&R, 1994), 20.

principalmente entre los calvinistas orientados en avivamiento".[37] C. Norman Kraus declara que "las afinidades teológicas básicas del dispensacionalismo son calvinistas".[38] En su estudio del arminianismo y la teología reformada, Wayne Grudem dice: "Ambos puntos de vista se encuentran entre... dispensacionalistas".[39]

Destacamos los hallazgos de estos eruditos, no para demostrar que el dispensacionalismo es intrínsecamente calvinista, sino para mostrar que si alguien quiere insistir en el tema puede argumentar que el dispensacionalismo tiene una relación histórica más cercana con el calvinismo que con el arminianismo. Además, dado que el dispensacionalismo no se enfoca en soteriología, y que muchos eruditos sostienen tanto el dispensacionalismo como el calvinismo, la afirmación de que el dispensacionalismo lleva al arminianismo demuestra ser falsa. Resulta ser simplemente un mito.

Mito 3: El dispensacionalismo es intrínsecamente antinomiano

Un tercer mito acerca del dispensacionalismo es que enseña el antinomianismo, el cual, como lo define Robert D. Linder, es "la doctrina de que no es necesario para los cristianos predicar y obedecer la ley moral del AT".[40] El antinomianismo se asocia a menudo con la aprobación de comportamiento sin ley.[41] Según Gerstner, el dispensacionalismo está "comprometido con la doctrina no negociable del antinomianismo".[42] Para él, "todos los dispensacionalistas tradicionales enseñan que los cristianos convertidos *pueden* (no que podrían)

37. George M. Marsden, "Introduction: Reformed and American", en *Reformed Theology in America: A History of Its Modern Development*, segunda edición, George M. Marsden (Grand Rapids: Baker, 1997), 8.

38. C. Norman Kraus, *Dispensationalism in America* (Richmond, VA: John Knox, 1958), 59.

39. Wayne Grudem, *Teología sistemática: Una introducción a la doctrina bíblica* (Miami: Editorial Vida, 2007), 352.

40. Robert D. Linder, "Antinomianism", en *Evangelical Dictionary of Theology*, ed. Walter A. Elwell (Grand Rapids: Baker, 1984), 57. El término viene del griego *anti* (contra) y *nomos* (ley).

41. Véase Robert A. Pyne, "Antinomianism and Dispensationalism", *Bibliotheca Sacra* 153 (abril a junio de 1996): 141.

42. Gerstner, *Wrongly Dividing the Word of Truth*, v.

vivir en pecado a lo largo de sus vidas posteriores a la conversión sin ninguna amenaza a su destino eterno".[43]

Gerstner va más allá, argumentando simplemente que ciertos dispensacionalistas enseñan el antinomianismo. En su opinión, el dispensacionalismo es esencialmente antinomiano.[44] Gerstner cree que el dispensacionalismo es esencialmente antinomiano debido a la afirmación de que el cristiano no está bajo la ley mosaica y debido al supuesto fracaso "para entender las doctrinas de la Reforma de justificación y santificación".[45] Además, afirma que los dispensacionalistas creen que las personas pueden ser justificadas sin santificarse. Según Gerstner, este "dualismo" conduce a la creencia de que los cristianos pueden ser "carnales".[46]

Gerstner tiene razón al afirmar que algunos dispensacionalistas en el pasado han separado la justificación de la santificación. Sin embargo, también debemos abordar otros temas. ¿Existen destacados dispensacionalistas que ven la justificación y la santificación como aspectos inseparables? Además, ¿lleva el dispensacionalismo a los dispensacionalistas a separar la justificación de la santificación? Contrariamente a la afirmación de Gerstner, muchos dispensacionalistas sí ven una relación inseparable entre justificación y santificación, y muchos no aceptan la opinión de que una persona puede ser justificada sin también ser santificada. No solo que no hay nada dentro del dispensacionalismo que haga que un dispensacionalista separe la justificación de la santificación, y muchos dispensacionalistas ven la justificación y la santificación como aspectos inseparables. John MacArthur, por ejemplo, argumenta explícitamente contra el antinomianismo y a favor de la opinión de que la justificación y la santificación son indivisibles.[47] Para MacArthur, "no existe tal cosa como un verdadero convertido a Cristo que sea justificado, pero no

43. *Ibíd.*, 240.

44. Como R. C. Sproul escribe, "una de las acusaciones más graves en los niveles de Gerstner en el dispensacionalismo es la de que su sistema de teología es esencialmente antinomiana". Gerstner, *Wrongly Dividing the Word of Truth*, con un prólogo de R. C. Sproul, x.

45. Gerstner, *Wrongly Dividing the Word of Truth*, 244.

46. *Ibíd.*, 245.

47. MacArthur, *Faith Works*, 93-98.

santificado".[48] Esta posición no es reciente al dispensacionalismo. El dispensacionalista Donald G. Barnhouse declaró: "La justificación y la santificación son tan inseparables como el torso y la cabeza. No puedes tener lo uno sin lo otro".[49] Alva J. McClain expresó que "la justificación no puede separarse de la santificación... Justificación y santificación son dos aspectos de la única obra de Dios para salvar a los hombres".[50]

Al igual que Gerstner, Curtis Crenshaw y Grover Gunn también afirman que hay "un antinomianismo inherente en el dispensacionalismo".[51] Según ellos, los dispensacionalistas rechazan la ley moral de Dios y sostienen que los cristianos son libres para actuar carnalmente:

> Rechazar la ley moral, especialmente la ley moral del AT, trae varias consecuencias. Quienes lo hacen suelen rechazar la idea de que Cristo esté gobernando ahora por su ley (o en realidad por cualquier ley) como Rey de reyes, relegando esto a un futuro milenio. A su vez, esto los lleva a rechazar el señorío de Cristo en la salvación y a afirmar que se puede tener fe sin obras (la idea carnal cristiana).[52]

Hay dos respuestas a esta acusación del antinomianismo. Primera, negamos que el dispensacionalismo mismo sea inherentemente antinomiano o que la mayoría de dispensacionalistas sean antinomianos. Los principios del dispensacionalismo simplemente no abordan la naturaleza de la justificación o su relación con la santificación. Feinberg lo expone así:

> Algunos sostienen que el dispensacionalismo lleva consigo el antinomianismo, ya que los dispensacionalistas afirman que la ley está eliminada, porque Cristo es el fin de la ley (Ro. 10:4).

---

48. *Ibíd.*, 114.
49. Donald G. Barnhouse, *Romans* (Grand Rapids: Eerdmans, 1961), 3:10-12.
50. Alva J. McClain, *Romans: The Gospel of God's Grace* (Winona Lake, IN: BMH, 1973), 141.
51. Curtis Crenshaw y Grover E. Gunn, *Dispensationalism Today, Yesterday, and Tomorrow* (Memphis: Footstool, 1995), 92.
52. *Ibíd.*, 83-84.

> Aunque algunos pueden sostener este punto de vista, difícilmente es la norma o lo que exige el dispensacionalismo.[53]

MacArthur también tiene razón cuando expresa: "Es un grave malentendido suponer que el antinomianismo está en la médula de la doctrina dispensacionalista".[54]

Segunda, aunque la mayoría de dispensacionalistas afirma que los cristianos de hoy día no están bajo la ley mosaica, no afirman que estén sin *ninguna* ley. La declaración de Crenshaw y Gunn de que los dispensacionalistas rechazan "la ley moral" es una tergiversación de lo que cree la mayoría de dispensacionalistas. Muchos dispensacionalistas creen que los cristianos de hoy están bajo una nueva ley: la ley de Cristo en la cual se hallan comunicadas las leyes morales de Dios. Según Wayne G. Strickland, la ley de Cristo "es la contraparte del nuevo pacto de la ley mosaica. Así como la ley mosaica era normativa para los judíos, la ley de Cristo es vinculante para los cristianos".[55] Según Blaising, el dispensacionalismo no es antinomiano porque "aunque enseña que la ley del pacto mosaico ha terminado en forma dispensacional, también enseña que ha sido reemplazado por nueva ley del pacto".[56] En su resumen del punto de vista dispensacional de la ley, Erickson escribe: "La ley moral siempre está vigente… aunque su contenido exacto puede variar".[57]

---

53. John Feinberg, "Systems of Discontinuity", 71.

54. MacArthur, *Faith Works*, 225. Según MacArthur, "todos los maestros que me enseñaron en el seminario eran dispensacionalistas. Sin embargo, ninguno de ellos habría defendido la enseñanza del no señorío".

55. Wayne G. Strickland, "The Inauguration of the Law of Christ with the Gospel of Christ: A Dispensational View", en *The Law, the Gospel, and the Modern Christian: Five Views*, ed. Wayne G. Strickland (Grand Rapids: Zondervan, 1993), 277. Feinberg escribe: "Los dispensacionalistas afirman que el creyente está bajo la ley de Cristo según indica el NT. Como en el caso del código mosaico, la ley de Cristo encarna los principios morales y eternos de Dios que se ejemplifican en ambos códigos. Pero como código separado, la ley de Cristo excluye los aspectos ceremoniales y civiles del código mosaico. El dispensacionalismo no es antinomiano ni lo supone". "Systems of Discontinuity", 71.

56. Blaising y Bock, *Progressive Dispensationalism*, 199. Strickland también declara: "La ley moral expresada en la ley mosaica bajo el antiguo pacto tiene su paralelo en la ley de Cristo bajo el nuevo pacto, a fin de que el creyente moderno pueda conocer la voluntad moral de Dios". "The Inauguration of the Law of Christ with the Gospel of Christ: A Dispensational View", 277.

57. Erickson, *A Basic Guide to Eschatology*, 110.

Se puede tratar de argumentar que los dispensacionalistas están equivocados respecto a la relación de la ley mosaica y la ley de Cristo, pero no es correcto acusar al dispensacionalismo de decir que los cristianos de hoy no tienen ley o que pueden hacer lo que les venga en gana. También debe observarse que la relación histórica entre dispensacionalismo y antinomianismo puede exagerarse. Como escribe Blaising, que es un experto en la historia del dispensacionalismo: "No estoy convencido por Gerstner que el antinomianismo como se entiende tradicionalmente sea representativo del dispensacionalismo".[58]

Mito 4: El dispensacionalismo conduce a salvación sin señorío

Un cuarto mito sobre el dispensacionalismo es que necesariamente conduce a una visión de la salvación sin señorío. Aunque toma formas diferentes, la teología del no señorío se caracteriza generalmente por las creencias de que el arrepentimiento y la rendición de la vida al señorío de Cristo no son necesarios para que ocurra la salvación. Algunos defensores del no señorío también sostienen que una persona puede salvarse y no evidenciar frutos espirituales.[59] Según Gerstner, "toda esta deserción dispensacional del evangelio ha llegado a un punto crítico en la controversia del señorío".[60] Para Gerstner, "el evangelio del antinomianismo dispensacional declara que una persona puede tener a Cristo como Salvador, pero negarse a aceptarlo como Señor de su vida".[61]

Está claro que algunos dispensacionalistas sostienen una posición

58. Craig A. Blaising, "Dispensationalism: The Search for Definition", en *Dispensationalism, Israel and the Church,* 14 n. 3.

59. Belcher describe seis características principales de la teología del no señorío: (1) los llamados a la salvación y al discipulado son distintos; (2) el creyente tiene la opción de producir o no producir fruto en su vida; (3) la falta de fruto espiritual no es señal de que una persona esté perdida; (4) el arrepentimiento no es condición para la salvación; (5) el concepto de señorío no es condición para la salvación, pero debe seguir a la experiencia de salvación por fe; y (6) aquellos que poseen una verdadera fe salvadora pueden vivir en pecado habitual o incluso apostatar de la fe. Richard P. Belcher, *A Layman's Guide to the Lordship Controversy* (Southbridge, MA: Crowne Publications, 1990), 22-23.

60. Gerstner, *Wrongly Dividing the Word of Truth,* 293.

61. *Ibid.*, 292.

de salvación sin señorío o tienen tendencias al no señorío. Por ejemplo, Lewis Sperry Chafer hizo declaraciones compatibles con una visión sin señorío.[62] El defensor más conocido de la teología del no señorío es Zane Hodges, cuyos libros *The Gospel Under Siege* [El evangelio bajo asedio] y *Absolutely Free* [Absolutamente libre] son promociones explícitas de la teología del no señorío.[63] Nuevamente, el problema aquí no es si algunos dispensacionalistas sostienen una perspectiva de no señorío, sino si esta opinión es un resultado necesario del dispensacionalismo. Afirmamos que no es así por dos razones.

Primera, debido a que el dispensacionalismo tiene que ver principalmente con eclesiología y escatología, no asume una relación necesaria con el tema del señorío, el cual es soteriológico. Algunos dispensacionalistas incluso cuestionan que el punto de vista más extremo de algunos dispensacionalistas sobre el no señorío se relacione históricamente con el dispensacionalismo. Por ejemplo, Saucy afirma: "La posición radical del no señorío que asumen algunos dispensacionalistas contemporáneos, negando la necesidad en la salvación de una 'fe que obra' basada en Santiago 2:14-26, nunca ha sido parte del dispensacionalismo tradicional o clásico".[64]

Segunda, varios destacados teólogos dispensacionalistas han rechazado explícitamente el enfoque del no señorío. Por ejemplo, John MacArthur y Robert Saucy han argumentado abiertamente contra la posición del no señorío como la ha defendido Hodges.[65] Extrañamente, en su afirmación de que el dispensacionalismo está intrínsecamente relacionado con la perspectiva de no señorío, Gerstner cita a John MacArthur contra otros dispensacionalistas.[66] Pero la lógica aquí es extraña. Gerstner cita al dispensacionalista John MacArthur para mostrar que el supuesto enfoque del no señorío del dispensacionalismo está equivocado. Sin embargo, en lugar de probar el punto de

---

62. Chafer expresó: "El error de imponer el señorío de Cristo sobre los no salvos es desastroso". Lewis Sperry Chafer, *Systematic Theology* (Dallas: Dallas Seminary Press, 1948), 3:385.

63. Zane Hodges, *The Gospel Under Siege: Faith and Works in Tension*, segunda edición (Dallas: Redencion Viva, 1992); *Absolutely Free!* (Dallas: Redencion Viva, 1989).

64. Saucy, *The Case for Progressive Dispensationalism*, 16 n. 7.

65. Saucy se refiere al "error de salvación sin señorío". Saucy, *The Case for Progressive Dispensationalism*, 15-16 n. 8; véase MacArthur, *Faith Works*.

66. Gerstner, *Wrongly Dividing the Word of Truth*, 294-95.

vista de Gerstner, el uso que este hace de MacArthur muestra que hay diversidad dentro del dispensacionalismo sobre este tema y que no hay una relación intrínseca entre el dispensacionalismo y la teología del no señorío.

Mito 5: El dispensacionalismo trata principalmente de creer en siete dispensaciones

En su libro, *What Is Reformed Theology?* [¿Qué es la teología reformada?], R. C. Sproul hizo una comparación entre teología del pacto y dispensacionalismo, en la que definió así al dispensacionalismo: "La teología dispensacional creía originalmente que la clave para la interpretación bíblica es 'dividir correctamente' la Biblia en siete dispensaciones, definidas en la *Scofield Reference Bible* original como períodos específicos de prueba en la historia redentora".[67] Lamentablemente, la definición que Sproul hace del dispensacionalismo es muy común y, para ser justos con Sproul, los dispensacionalistas también la han utilizado a menudo. Sin embargo, en mi opinión, esta definición muestra una falta de comprensión de lo que realmente es el dispensacionalismo. Cuando observo los temas, me convenzo de que el dispensacionalismo no trata principalmente de creer en las dispensaciones o de que hay siete dispensaciones. ¿Por qué afirmo esto?

Primero, creer en las dispensaciones no puede ser la única característica distintiva del dispensacionalismo, ya que todos los cristianos creen en dispensaciones. ¿Qué cristiano no cree que hay una diferencia dispensacional entre el mundo anterior y el posterior a la caída? ¿Quién no ve una distinción dispensacional entre la era anterior y posterior de la primera venida de Cristo? ¿Qué cristiano no reconoce que el mundo actual es diferente del cielo nuevo y la tierra nueva que han de venir?

Además, el dispensacionalismo no supone reconocer el término griego *oikonomia,* el cual está vinculado con la palabra "dispensación". A fin de cuentas, ¿qué erudito bíblico no cree que la palabra griega

67. R. C. Sproul, *What Is Reformed Theology: Understanding the Basics* (Grand Rapids: Baker, 1997), 99.

oikonomia es un término bíblico? Por tanto, reconocer el vocablo *oikonomia* no convierte a alguien en dispensacionalista, ni definir este término revela la esencia del dispensacionalismo. John Feinberg señala el error de creer "que la palabra 'dispensación' y hablar de diferentes órdenes administrativos solo aparece en el pensamiento dispensacional".[68] Feinberg también tiene razón en que "definir el término 'dispensación' no determina más la esencia del dispensacionalismo de lo que definir el término 'pacto' explica la esencia de la teología del pacto".[69]

De igual manera, la cantidad de dispensaciones que se sostengan no debe considerarse esencial para el dispensacionalismo. Tradicionalmente, el dispensacionalismo se ha vinculado con creer en "siete" dispensaciones, pero otros han defendido cuatro, ocho o algún otro número. Personalmente nunca he estado de acuerdo con la omisión del estado eterno como una "dispensación" en algunos esquemas dispensacionales. Además, nunca he estado totalmente convencido de los criterios de "prueba", "fracaso" o "juicio" para determinar una dispensación que a menudo es parte del dispensacionalismo clásico. Esto parece algo arbitrario y da como resultado dispensaciones dudosas, mientras se omiten otras que parecen obvias (como el estado eterno). Por tanto, no es necesario adherirse a *siete* dispensaciones para ser un verdadero dispensacionalista. Feinberg tiene razón otra vez cuando declara: "El número de dispensaciones no está en el centro del sistema".[70]

Hay otros mitos sobre el dispensacionalismo que también se podrían abordar. Uno es la suposición de que el dispensacionalismo necesariamente enseña que el Sermón del Monte se aplica solo al futuro reino milenial. Lewis Sperry Chafer sostuvo este punto de vista,[71] y es verdad que los dispensacionalistas anteriores relegaron el Sermón del Monte (Mt. 5–7) al futuro milenio. Pero la mayoría de dispensacionalistas modernos no lo sostienen, y más bien ven el Sermón del Monte como un reino ético que es aplicable hoy día.[72]

---

68. John Feinberg, "Systems of Discontinuity", 69.
69. *Ibíd.*
70. *Ibíd.*, 70.
71. Lewis S. Chafer, *Systematic Theology*, 5:98.
72. Véase John A. Martin, "Christ, the Fulfillment of the Law in the Sermon on the Mount", en *Dispensationalism, Israel and the Church*, 248-63.

Otro mito es que el dispensacionalismo enseña una diferencia entre el reino de Dios y el reino celestial. Esta perspectiva la sostenían algunos dispensacionalistas anteriores, pero es rechazada firmemente por los dispensacionalistas más recientes. Nuevamente, debe hacerse una distinción entre lo que ciertos dispensacionalistas creen y lo que es inherente al sistema. Como observara John Martin, "uno de los malentendidos mayores es una suposición de que hay una sola 'interpretación dispensacional' de cada pasaje".[73]

Otras afirmaciones sobre el dispensacionalismo alcanzan el nivel de lo absurdo. El popular locutor radial Hank Hanegraaff afirmó en su libro *El código del Apocalipsis* que el punto de vista del dispensacionalismo de un cumplimiento literal de la tierra que se promete a Israel y la creencia de que Israel sufrirá tribulación en el futuro lleva al racismo y a la promoción de limpieza étnica.[74] Esta acusación es ridícula. De todos los libros que he leído sobre dispensacionalismo, nunca se ha hecho acusación de racismo por parte de quienes han ofrecido críticas serias o explicaciones sobre el dispensacionalismo. Los dispensacionalistas creen en una restauración de Israel y en un período futuro de tribulación porque creen que la Biblia lo enseña. Esto difícilmente conduce a racismo. En el Antiguo Testamento, Dios eligió explícitamente a Israel de entre todas las naciones (véase Dt. 7:6). ¿Estaba Dios mostrando racismo en el Antiguo Testamento, ya que decidió bendecir al Israel étnico en una manera que no hizo con los demás pueblos de la tierra? En su libro *Zion's Christian Soldiers?* [¿Soldados cristianos de Sion?], Stephen Sizer también hace la increíble afirmación de que las creencias dispensacionales dan como resultado una falta total de preocupación por los principales problemas nacionales y mundiales:

> Lamentablemente, la idea errónea de un arrebatamiento secreto ha generado mucha mala teología. Esta es probablemente la razón de que a muchos cristianos no parece

73. *Ibid.*, 249 n. 2.

74. Hank Hanegraaff, *El código del Apocalipsis: Descubra lo que la Biblia realmente dice acerca de los tiempos finales y la razón de su importancia en la actualidad* (Nashville: Grupo Nelson, 2008), xviii.

> importarles el cambio climático ni preservar los suministros cada vez menores de recursos naturales. Del mismo modo, no se interesan por la deuda nacional, la guerra nuclear o la pobreza mundial, debido a que esperan ser arrebatados al cielo y evitar sufrir las consecuencias del próximo holocausto global.[75]

Por supuesto, no hay datos ni documentación que respalden tal afirmación. Como dispensacionalista, me preocupan la guerra nuclear, la deuda nacional, los recursos naturales y las demás cosas que Sizer menciona. Lo mismo es cierto para la mayoría de dispensacionalistas que conozco. De nuevo, este parece ser un caso en que una persona cree entender las implicaciones de este sistema teológico, pero que en realidad no las entiende.

En resumen, los cinco puntos ya mencionados son mitos acerca del dispensacionalismo. No están en el centro de lo que representa ese sistema teológico. Quienes desean estudiar y entender realmente el dispensacionalismo deben evitar estos mitos por completo.

75. Stephen Sizer, *Zion's Christian Soldiers?* (Nottingham, Inglaterra: Inter-Varsity, 2007), 136-37.

Capítulo tres

¿POR QUÉ EL PREMILENIALISMO FUTURISTA?

Richard Mayhue

Durante los años de mi infancia me gustaba el reto de los rompecabezas. Pronto surgió una estrategia básica que por lo general me llevaba a completar con éxito el rompecabezas. Primero, encontraba las piezas más obvias y determinantes del rompecabezas que guiarían todos mis nuevos esfuerzos. Esto implicaba identificar las cuatro piezas únicas de las esquinas. Segundo, ubicaba las siguientes piezas más obvias, las cuales resultaban ser las pocas con un borde recto, las piezas de los márgenes. Con estos dos pasos completos, la imagen del rompecabezas tomaba la forma y el diseño básicos a los que la multitud de piezas restantes se conformaba y no podían cambiar.

La misma estrategia funciona bien para resolver el rompecabezas de la visión milenaria. Hoy prevalecen cuatro perspectivas básicas: posmilenialismo, amilenialismo, premilenialismo histórico y premilenialismo futurista. Pretendo definir cada una de ellas, y luego explicar cuál es bíblicamente preferible y por qué razón.

Los términos "milenio" y "milenialismo" vienen de la palabra latina *mille*, que significa "mil". Bíblicamente señalan a la frase griega *jilia ete*, "mil años", que aparece seis veces en Apocalipsis (20:2, 3, 4, 5, 6, 7). El prefijo "pos" en posmilenialismo se refiere a la segunda venida de Cristo después del milenio, que desde este punto de vista se refiere al reino de la era de la Iglesia. El prefijo "a" en amilenialismo indica que no hay ningún milenio en la tierra antes o después de la segunda venida de Cristo. Ambas posiciones "pre" (premilenialismo histórico y premilenialismo futurista) creen que hay un período milenial en la tierra que está precedido por la segunda venida de Cristo.

El posmilenialismo enseña que el reino de Dios está avanzando actualmente con un triunfo creciente en el mundo a través de la predicación del evangelio y el ministerio de la Iglesia. Cristo gobierna ahora desde el cielo en esta "edad de oro" de longitud indeterminada y regresará a la tierra al final; por eso un regreso posmilenial. A la Iglesia se le considera el Israel espiritual, al haber heredado las promesas hechas a Abraham y David, que fueron abrogadas para Israel a causa de su desobediencia nacional. Por tanto, no habrá ningún futuro para el Israel nacional con algún significado bíblico. Cuando Cristo regrese al final del milenio, entonces el arrebatamiento, la segunda venida, la resurrección general y el juicio se llevarán a cabo en secuencia rápida, y finalmente llegará el estado eterno.

El *amilenialismo* enseña que la Iglesia es ahora el Israel espiritual, al haber heredado las promesas que hizo Dios a Abraham y David, y que Israel perdió a causa de su continua desobediencia. Cristo gobierna desde el cielo sobre este reino espiritual, y la obra redentora de Cristo continúa en la tierra, pero sin el optimismo del posmilenialismo. No hay expectativa de un Israel nacional restaurado que tendrá significado profético. Los asuntos de la tierra se deteriorarán hasta que Cristo intervenga en su segunda venida. Todos los acontecimientos de los últimos tiempos (por ejemplo, el arrebatamiento, la resurrección general y el juicio) ocurrirán en un tiempo corto como preludio inmediato a la eternidad futura.

El *premilenialismo histórico* enseña que Cristo regresará para arrebatar a la Iglesia, juzgar a los no creyentes vivos y establecer un reino terrenal (algunos dicen que durará mil años, mientras que otros creen que mil es un número simbólico que significa "mucho tiempo"). Cristo gobierna ahora desde el cielo sobre la tierra, y en el futuro gobernará durante un milenio en la tierra donde se hace poca distinción entre la Iglesia y el Israel nacional restaurado. Al final del milenio está la resurrección de los no creyentes y el juicio final, que es seguido por el estado eterno. Esta categoría de premilenialismo generalmente interpreta Apocalipsis 6–18 en un sentido "histórico", es decir, que estos capítulos deben interpretarse como acontecimientos pasados en la historia de la Iglesia en lugar de futuros, de ahí el nombre "premilenialismo histórico".

Los defensores del *premilenialismo futurista,* también llamado premilenialismo dispensacional, usan un enfoque histórico-gramatical de las Escrituras coherente tanto con el Antiguo como con el Nuevo Testamento, mediante el cual la Biblia se interpreta normalmente, sin importar que el tema sea escatológico (relacionado con el futuro) o no. Por tanto, las promesas de Dios a Abraham y David se ven en un sentido futurista como anticipación de una nación restaurada de Israel. En este patrón, el arrebatamiento viene primero (véase el capítulo 4: "¿Por qué un arrebatamiento pretribulacional?"), seguido por la segunda venida de Cristo al final del período de siete años de tribulación, descrito bíblicamente como la septuagésima semana de Daniel. Después de juzgar la tierra y sus habitantes, Cristo gobierna desde su trono davídico en Jerusalén sobre la tierra durante mil años (el milenio), al final del cual Satanás se rebela por última vez, pero es derrotado al instante. Luego viene la resurrección y el juicio de todos los incrédulos en el gran trono blanco, el cual es seguido por la Nueva Jerusalén y el estado eterno (véase el diagrama en la p. 12.)

El resto de este capítulo aplicará las tres reglas de armar los rompecabezas para resolver el enigma profético. Hay cuatro piezas inconfundibles de esquina que se conectan a cuatro piezas distintas de bordes. Estas ocho piezas corresponden a mi afirmación de que hay ocho razones bíblicas al premilenialismo futurista campeón como el verdadero plan futuro de Dios. Luego se puede trabajar en todas esas piezas menos obvias, detalladas, pero no categóricas, aunque no alterarán el patrón amplio y básico que describe este capítulo. No habrá una o dos razones que hagan convincente el caso para el premilenialismo futurista, sino más bien la fortaleza combinada de todas ellas.

Es posible que nunca sepamos o entendamos cada mínimo detalle del plan profético de Dios, pero podemos saber lo fundamental. El propósito de esta guía básica es ayudarte a estar seguro acerca de los fundamentos de la profecía bíblica.

Una hermenéutica coherente

El premilenialismo futurista es distinto porque es la única opción de las cuatro perspectivas importantes que resultan de (1) tratar de manera inductiva con todas las Escrituras, (2) emplear coherentemente el enfoque hermenéutico histórico-gramatical probado con el tiempo, (3) involucrar todas las Escrituras con los principios y habilidades de la exégesis sin prejuicios y (4) no tener que cambiar a una hermenéutica de doble sentido cuando se trata de eclesiología y escatología. Esta es la primera "pieza de esquina" de nuestro rompecabezas.

En otras palabras, el premilenialismo futurista adopta siempre un enfoque "normal" o "sencillo" a todas las Escrituras, lo cual significa que el premilenialismo futurista:

- Toma el texto bíblico en sentido literal.
- Interpreta el texto bíblico en contexto.
- Reconoce el lenguaje simbólico o figurado y la realidad que expresa.
- Usa textos claros para interpretar lo poco claro o más difícil.
- Permite el progreso de la revelación sin alterar dramáticamente el significado de revelación anterior.
- Permite el doble cumplimiento de profecías (cerca/lejos); por ejemplo, dos venidas de Cristo en Isaías 61, sin recurrir a dobles significados en un sentido principal.

El premilenialismo futurista es hermenéuticamente más atractivo porque solo este permite la mayor coherencia en dos esferas bíblicas:

- Tratando cualquier libro de la Biblia con el mismo esquema interpretativo general, ya sea (1) la historia sin adornos de

Josué, (2) el lenguaje figurado del Cantar de los Cantares o (3) los libros proféticos, tanto los profetas mayores como los menores.

- Tratando cualquier tema de teología sistemática con el mismo esquema interpretativo general en lugar de cambiar cuando la persona se encuentra con eclesiología o escatología como hacen las otras tres opciones principales.

El premilenialismo futurista es hermenéuticamente más atractivo porque no implica ni requiere:

- Una comprensión previa de supuestos pactos bíblicos (como la redención, la gracia, las obras) hechos en la eternidad pasada y para los cuales no hay amplia evidencia bíblica convincente y que en el mejor de los casos son vagamente deductivos.
- Interpretación alegórica (una aberración de los siglos III y IV introducida por Orígenes y Agustín). Compara Gálatas 4:24-31, donde Pablo emplea alegoría con autorización apostólica, pero con claro significado interpretativo usado solo como un ejemplo.
- Interpretaciones históricas forzadas de textos en (1) los profetas mayores y menores, (2) el discurso del Monte de los Olivos y (3) Apocalipsis. Por ejemplo, Apocalipsis 11:1-2 interpretado como la destrucción de Jerusalén en el año 70 d.C. en lugar de un tiempo futuro en la primera mitad de la septuagésima semana de Daniel.
- Una minimización del uso típico o análogo del Antiguo Testamento por el Nuevo Testamento (por ejemplo, Mt. 2:15/Os. 11:1 y Mt. 2:14-18/Jer. 31:15).

La última y definitiva característica que hace al premilenialismo futurista exclusivo y más atractivo que las otras opciones es su conformidad a un paradigma probado de cómo se cumplieron realmente las profecías del Antiguo Testamento. Tales profecías se cumplieron de acuerdo con una hermenéutica normal, como la empleada por el premilenialismo futurista. Por ejemplo:

- Profecías del Antiguo Testamento cumplidas en la historia del Antiguo Testamento:
  Génesis 17:6: De Abraham vendrían reyes
  Daniel 2: reinos mundiales
  Habacuc: con relación a Babilonia y Judá

- Profecías del Antiguo Testamento cumplidas en la vida terrenal y el ministerio de Cristo:
  Tribu de Judá: Génesis 49:10
  Nacimiento en Belén: Miqueas 5:2
  Crucifixión: Salmo 22

Incluso los pactistas admiten la exactitud de la conclusión premilenialista, si se usa una hermenéutica coherente y normal. Por ejemplo:

O. T. Allis en *Prophecy and the Church* [La profecía y la Iglesia]:[1]
"Si se interpretan literalmente las profecías del Antiguo Testamento, no pueden considerarse cumplidas o capaces de cumplirse en la época actual".

Floyd E. Hamilton en *The Basis of the Milenial Faith* [La base de la fe milenaria]:[2]
"Ahora debemos admitir francamente que una interpretación literal de las profecías del Antiguo Testamento nos ofrece una imagen de un reino terrenal del Mesías según las imágenes premilenialistas".

1. O. T. Allis, *Prophecy and the Church* (1945; reimpresión, Nutley, NJ: Presbyterian and Reformed, 1977), 238.
2. Floyd E. Hamilton, *The Basis of the Millennial Faith* (Grand Rapids: Eerdmans, 1942), 38.

> **Loraine Boettner** en *The Meaning of the Millennium* [El significado del milenio]:[3]
> "Generalmente se acepta que, tomadas en forma literal, las profecías sí predicen una restauración de la nación de Israel en la tierra de Palestina en que los judíos tienen un lugar destacado en ese reino y gobiernan sobre las demás naciones".

Basándose en lo que sabía del material profético del Antiguo Testamento, la comunidad judía del siglo I a.C. no buscaba la primera venida de Cristo como la presentan los Evangelios. Más bien creían que la segunda venida del Mesías estaba cerca, que daría fin a las tribulaciones judías a manos de otras naciones y que establecería el reino davídico (2 S. 7:12-17) en la tierra.

Las siguientes características resumen las expectativas bíblicas de los judíos con relación al Mesías.[4]

- Una temporada de tribulación extrema predominaría antes de la venida del Mesías.
- En medio de esta conmoción, Elías regresaría como el precursor y anunciador del Mesías.
- El Mesías vendría entonces a la tierra.
- Las naciones se levantarían contra el Mesías.
- Una coalición de naciones sería derrotada y destruida.
- Jerusalén sería reocupada y reconstruida.
- La diáspora judía regresaría a Jerusalén.
- Israel se convertiría en la capital del mundo.
- Empezaría un tiempo de paz y prosperidad.

Lo curioso es que esto es muy parecido a lo que el premilenialismo futurista espera que suceda en el momento de la segunda venida del Mesías. Los planteamientos basados en una comprensión del pacto

---

3. Loraine Boettner, "Postmillennialism", en *The Meaning of the Millennium: Four Views*, ed. Robert G. Clouse (Downers Grove, IL: IVP, 1977), 95.

4. Emil Schürer, *A History of the Jewish People in the Time of Jesus Christ*, 5 vols., edición revisada (1890; reimpresión, Edimburgo: T & T Clark, 1998), 2:2:126-87.

(que incluyen el amilenialismo, premilenialismo histórico y posmilenialismo) proponen resultados muy diferentes.

El premilenialismo futurista frente a la teología del pacto

Considera la pregunta: "¿Por qué una persona premilenialista futurista y otra de la teología del pacto —ambas salvas y piadosas— que concuerdan aproximadamente en un 80 por ciento de sus creencias teológicas, adoptan puntos de vista tan opuestos al tratar con la eclesiología y la escatología?".

- La primera razón es la comprensión de la teología del pacto de gracia y redención, la cual en realidad no tiene base bíblica.
- La segunda razón es el uso de una hermenéutica de doble significado que se requiere para lograr los resultados apropiados exigidos por un preentendimiento de una teología del pacto.
- El tercer factor es la teología del reemplazo o supersesionismo: Israel es reemplazado por la Iglesia, la cual hereda las bendiciones espirituales de Israel.

Por otra parte, el premilenialismo futurista llega al texto sin ningún otro entendimiento previo que una hermenéutica histórico-gramatical coherente que se emplea constantemente a lo largo de las Escrituras en todos los ámbitos de la teología.

Permíteme clarificar este punto citando al muy conocido teólogo J. I. Packer:

> ¿Qué es la teología del pacto? La respuesta directa, aunque provocadora a esa pregunta, es que teología del pacto es lo que en la actualidad se llama una hermenéutica (es decir, una manera de interpretar toda la Biblia que en sí es parte de la interpretación general que la Biblia misma respalda). Una hermenéutica exitosa es un procedimiento interpretativo coherente que produce una comprensión consecuente de las

> Escrituras, que a su vez confirma la propiedad del procedimiento mismo... Una vez que los cristianos han llegado tan lejos, la teología del pacto de las Escrituras es algo que difícilmente pueden pasar por alto.[5]

El doctor Packer ha participado en lo que la lógica denomina "razonamiento circular", lo cual significa que se empieza con una suposición que garantiza que se llegará a una conclusión particular. Si la hermenéutica de alguien es su propia teología, entonces su teología determina su hermenéutica; esta manera de pensar es una falacia lógica que lleva inevitablemente a conclusiones erróneas y perjudiciales.

Una teología *no* es una hermenéutica. Tal idea socava la adecuada interpretación bíblica. En realidad, una buena hermenéutica (principios de interpretación de literatura) aplicada por hábil exégesis (aplicación ingeniosa de principios interpretativos) puede llevar a una teología, pero no al contrario. Por desgracia, el doctor Packer y todos los que siguen su ejemplo han puesto la carreta teológica proverbial antes que el caballo hermenéutico.

No obstante, todos los amilenialistas, premilenialistas históricos y posmilenialistas siguen este proceso, consciente o inconscientemente, en parte o en su totalidad, a la hora de tratar con la identidad de la Iglesia (eclesiología) y el futuro de Israel (escatología). Cuando no alcanzan su objetivo teológico predeterminado utilizando hermenéutica normal (la cual les ha sido muy útil en todos los demás ámbitos de la teología), cambian su hermenéutica para obtener las conclusiones predeterminadas con que comenzaron. Esto produce un enfoque prejuicioso de la interpretación para validar una conclusión predeterminada. Esta es una manera inaceptable, confusa e inválida de interpretar la Biblia. Por tanto, es rechazada en toda forma y uso por el premilenialismo futurista. Solo una hermenéutica coherente puede llevar a una interpretación buscada por Dios respecto al texto sagrado. Para el premilenialismo futurista, una

5. J. I. Packer, "Introduction: On Covenant Theology", en *The Economy of the Covenants between God and Man*, 2 vols., Herman Witsius (1677; reimpresión, Escondido, CA: den Dulk Christian Foundation, 1990), 1:1-2.

hermenéutica histórico-gramatical coherente para interpretar todas las Escrituras es una presuposición, no una teología predeterminada.

El premilenialismo futurista no requiere nuevas reglas especiales de interpretación cuando se trata de textos proféticos. El texto bíblico se toma en su valor nominal normal, en su contexto, reconociendo el lenguaje simbólico y las figuras retóricas, además de la realidad que estas representan. Esto permite al intérprete tomar el mismo enfoque general de la historia de Josué, las imágenes altamente figurativas del Cantar de los Cantares, o los libros proféticos.

Por tanto, a menos que algún mandato claro e incuestionable de las Escrituras cambie la manera en que alguien interpreta las profecías de la segunda venida (y no lo hay), entonces las Escrituras proféticas deben interpretarse de forma coherente a lo largo de la Biblia. Solamente el premilenialismo futurista hace eso.

Una exégesis imparcial

El texto de Apocalipsis 20:1-10 (véase el capítulo 6, "¿Qué acerca de Apocalipsis 20?") bien podría considerarse el pináculo de los estudios milenarios, porque aquí se encuentra un período histórico único que se designa "mil años" (20:2, 3, 4, 5, 6, 7).

Varias preguntas importantes requieren respuestas a fin de interpretar correctamente este número y este texto. Primero, es necesario preguntar: ¿Está este período aún en el futuro o ya se cumplió? Segundo: ¿Es este período realmente de mil años de duración, o el término representa otro período, digamos de cinco mil años? Tercero: ¿Cómo se han interpretado en el pasado los "mil" de Apocalipsis 20:1-10? Las respuestas a estas preguntas conforman nuestra segunda pieza de esquina.

El tiempo del cumplimiento

Acontecimientos peculiares ocurren durante este intervalo especial de tiempo. Un ángel ata a Satanás con una gran cadena (20:1-2). Satanás es luego encarcelado en el abismo, el cual se cierra y sella (20:3). Por tanto, Satanás ya no engaña a las naciones hasta que transcurren los mil años. Los mártires de la tribulación son resucitados para reinar con Cristo (20:4, 6). Cuando terminan los mil años, Satanás es liberado por poco tiempo para volver a engañar a las naciones (20:3, 7-8).

Comenzamos con la pregunta: "¿Sucedió ya esto?". La mayoría de quienes sostienen una forma de teología del "pacto" responden afirmativamente y señalan como punto de partida la victoria de Cristo en la cruz sobre Satanás. Textos como Mateo 12:22-29 se emplean para reforzar la posición de que Satanás está *ahora* atado en cumplimiento de Apocalipsis 20.

Aunque es verdad que Cristo obtuvo la victoria en el Calvario y que la perdición de Satanás se decidió eternamente, no es verdad que Satanás esté inhabilitado en la forma exigida por el texto. Satanás aún incita a los hombres a mentir (Hch. 5:3). Ciega las mentes de los incrédulos al evangelio de la gloria de Cristo en Dios (2 Co. 4:4). Actualmente se disfraza como ángel de luz para engañar a la Iglesia (2 Co. 11:2-3, 13-15). El diablo obstaculiza a los ministros de Dios (1 Ts. 2:18) y deambula por la tierra intentando devorar a su población (1 P. 5:8). Para cualquier estudiante imparcial de las Escrituras, Apocalipsis 20 no podría referirse a la época actual en vista de estos abundantes testimonios de la frenética marcha de Satanás en la actualidad.

Por tanto, podemos concluir que Apocalipsis 20 se refiere a algún tiempo futuro de contención especial. Ya que esto se encuentra todavía por delante, preguntamos: "¿Cuánto durará este tiempo?".

La duración del tiempo

En resumidas cuentas, este debate plantea la pregunta: "¿Significa realmente mil años literales, la expresión *jilia ete* en Apocalipsis 20?". Comencemos el análisis viendo los números bíblicos en general y reduzcamos entonces el enfoque a Apocalipsis y a "mil" en particular.

Se entiende comúnmente como regla básica de hermenéutica que los números deben aceptarse en su valor nominal, es decir, que transmiten una cantidad matemática, a menos que haya evidencia sustancial que justifique algo más. Este dictamen para interpretar números bíblicos se acepta generalmente como el punto adecuado de partida.

Esta regla es válida en toda la Biblia, incluso Apocalipsis. Un estudio de números en el Apocalipsis apoya esto. Por ejemplo, siete iglesias y siete ángeles en Apocalipsis 1 se refiere a siete iglesias literales y sus mensajeros. Doce tribus y doce apóstoles se refieren a cantidades históricas reales (21:12, 14). Diez días (2:10), cinco meses (9:5), un tercio de la humanidad (9:15), dos testigos (11:3), 42 meses (11:2), 1260 días (11:3), doce estrellas (12:1), diez cuernos (13:1), 300 kilómetros (14:20), tres demonios (16:13) y cinco reyes caídos (17:9-10) todos usan números en su sentido normal. De las decenas de números en Apocalipsis, solo dos (siete espíritus en 1:4 y 666 en 13:18) se usan inequívocamente en forma simbólica. Si bien esta línea de razonamiento no demuestra que "mil" en Apocalipsis 20 deba tomarse normalmente, sí pone el peso de la prueba en quienes no están de acuerdo en aceptar a "mil" como mil.

Los números en general en Apocalipsis no solo deben tomarse normalmente, sino más específicamente los que se refieren a tiempo. En Apocalipsis 4–20 hay por lo menos veinticinco referencias a medidas de tiempo. Solo dos de estas exigen ser entendidas en algo más que un sentido literal, y no implican números verdaderos. "El gran día de su ira" (6:17) probablemente excedería las veinticuatro horas y "la hora de su juicio" (14:7) presumiblemente se extiende más de sesenta minutos. Sin embargo, no hay nada en la frase "mil años" que sugiera una interpretación simbólica.

Este punto siguiente es muy importante. Nunca en la Biblia se utiliza "año" con un adjetivo numérico cuando no se refiere a un tiempo real que se represente matemáticamente. A menos que pueda proporcionarse evidencia de lo contrario, Apocalipsis 20 no es la única excepción en todas las Escrituras.

Además, el número "mil" no se usa en ninguna otra parte de la Biblia con sentido simbólico. Pero a Job 9:3; 33:23; Salmos 50:10; 90:4; Eclesiastés 6:6; 7:28; y 2 Pedro 3:8 los han usado para apoyar la idea de que "mil" en nuestro texto se usa en forma simbólica. No obstante, estos intentos fallan porque, en cada uno de estos textos, "mil" se usa en su sentido normal para dejar claro un punto.

Mil y sus variadas combinaciones se usan con frecuencia en ambos Testamentos. Nadie cuestiona la cantidad literal de cinco mil creyentes (Hch. 4:4), veintitrés mil hombres fallecidos (1 Co. 10:8) o siete mil muertos (Ap. 11:13). De igual manera, no hay razón exegética para cuestionar la normalidad de mil años en Apocalipsis 20.

El testimonio de la historia

Desde la era postapostólica, la Iglesia entendió el "milenio" de Apocalipsis 20 como mil años literales. Papías, Bernabé, Justino Mártir, Ireneo y Tertuliano dieron evidencia de este hecho en sus escritos. La Iglesia no enseñó otra cosa hasta el siglo cuarto.

Cuando los teólogos empezaron a ir más allá de lo que la Biblia enseñaba acerca del milenio, cuando comenzaron a hacer que este período fuera más para el regocijo del ser humano que para la gloria de Dios, hubo reacciones en cuanto a corregir esta arbitrariedad interpretando este tiempo como algo menos que un período histórico real. En el siglo V, Agustín popularizó el criterio que razonaba que la Iglesia heredó las bendiciones prometidas a Israel y que estas eran espirituales, no terrenales. Él enseñó que Apocalipsis 20 se refería a este tiempo.

Sin embargo, hasta Agustín entendió que este período de Apocalipsis 20 duraba mil años literales. Por eso, él, llamado por muchos el padre del amilenialismo, tomó normalmente los mil años. Incluso hasta el día de hoy algunos no premilenialistas interpretan que Apocalipsis 20 tiene una duración de mil años reales.

En vista del debate anterior, llegamos a la conclusión de que los mil años de Apocalipsis 20 requiere un cumplimiento futuro, ya que una evaluación imparcial del texto y de la historia determina que aún no han ocurrido. Además, un estudio de números en la Biblia y en Apocalipsis exige enfáticamente que mil años se entiendan en sentido normal. Esta posición recibe más justificación a través de la interpretación de la iglesia primitiva de este texto, la cual se alinea con el punto de vista premilenial futurista.

Los pactos incondicionales de Dios[6]

Dios, quien es fiel para guardar (Dt. 7:9; 1 R. 8:23; 2 Cr. 6:14; Neh. 1:5; 9:32; Dn. 9:4) pactos (Ro. 9:4; Gá. 4:24; Ef. 2:12), hizo explícitamente a Israel seis pactos distintos con promesas: (1) noético

6. Renald E. Showers, *There Really Is a Difference! A Comparison of Covenant and Dispensational Theology* (Bellmawr, NJ: Friends of Israel, 1990) proporciona un trato superlativo de "pactos", tanto bíblicos como antibíblicos.

(Gn. 6:18; 9:8-17); (2) abrahámico (Gn. 15:1-21; 17:1-22; 26:2-5, 24; 28:13-17); (3) mosaico (Éx. 19–20, 24); (4) sacerdotal (Nm. 25:10-13); (5) davídico (2 S. 7:12-16); y (6) nuevo (Jer. 31:31-34). Cinco son incondicionales, irrevocables, eternos y por gracia; solamente el pacto mosaico fue condicional, revocable, temporal y por obras. La Biblia nunca menciona algún supuesto pacto de gracia o de redención, ni las Escrituras abordan un supuesto pacto edénico (también conocido como pacto de obras) o pacto adámico en los más de 280 usos de "pacto" en el Antiguo y más de treinta apariciones en el Nuevo Testamento. Los pactos abrahámico, davídico y el nuevo abordan el tema del premilenialismo futurista, así que examinémoslos en detalle.

El pacto abrahámico

Dios hizo unilateralmente el autónomo y sagrado (Lc. 1:72) pacto abrahámico (Gn. 15:7-17) con Abraham, Isaac, y Jacob (Éx. 2:24; Lv. 26:42; Sal. 105:9-10), y se establece o reafirma al menos ocho veces (Gn. 12:1-3; 13:14-17; 15:1-21; 17:1-21; 22:15-18; 26:2-5, 24; 28:13-17; 35:10-12). Este pacto fue eterno (Gn. 17:7-8, 13, 19; 1 Cr. 16:15, 17; Sal. 105:8, 10; 111:5, 9; Is. 24:5); irrevocable (He. 6:13-18); superior al pacto mosaico (Ro. 4:13; Gá. 3:17); inmediatamente condicional (Gn. 17:14; Lv. 26:43; 2 R. 13:23; Sal. 74:20; 106:45; Is. 24:5), pero finalmente incondicional (Lv. 26:44; Dt. 4:31; Jer. 33:25-26; Ez. 16:60); cuya señal es la circuncisión (Gn. 17:9-14; Hch. 7:8). Dicho pacto prometió: (1) descendientes de Abraham de manera étnica (Gn. 13:15; 15:18; 17:2, 7; 22:17; 26:3; 28:13-14; 35:11-12); (2) descendientes de Abraham de manera redentora (Ro. 4:11; Gá. 3:7, 26-29); (3) el Salvador (Gá. 3:16); (4) una nación (Gn. 12:2; 17:4; 35:11); (5) tierra (Gn. 12:1; 13:15, 17; 15:18; 17:8; 26:3; 28:13; 35:12; Éx. 6:4; Lv. 26:42; Sal. 105:11); (6) bendición y protección personal (Gn. 12:3; 28:15; 35:12; Sal. 105:14-15; 106:44-46); y (7) bendiciones para las naciones (Gn. 12:3; 17:4-6; 22:18; 26:4; 28:14; 35:11), especialmente la redención (Sal. 111:9; Ro. 4:16-18; Gá. 3:8).

El pacto davídico

Con incondicionalidad absoluta (2 S. 7:15; 1 Cr. 17:13; Sal. 89:33-37), Dios prometió a David (2 S. 7:12-16; 1 Cr. 17:11-14) que uno de sus descendientes (2 S. 7:12, 16; 1 Cr. 17:11, 14) sería entronizado (2 S. 7:13, 16; 1 Cr. 17:12, 14) y gobernaría sobre Israel y el mundo (2 S. 7:12, 16; 1 Cr. 17:11, 14). Este pacto davídico es autónomo y unilateral (2 S. 23:5; 2 Cr. 13:5; Sal. 89:3, 28, 34); irrevocable (2 S. 7:15; 1 Cr. 17:13; Sal. 89:34; Jer. 33:20-22, 25-26); y eterno (2 S. 7:13, 16; 23:5; 1 Cr. 17:12, 14; 2 Cr. 13:5; 21:7; Sal. 89:28, 36). Sin embargo, el pacto fue inmediatamente condicional (2 S. 7:14; 1 R. 2:3-4; Sal. 89:30-32, 39; 132:12) ya que los descendientes fueron descalificados. Si bien el pacto no se menciona explícitamente en el Nuevo Testamento (cp. Hch. 2:30), parece claro que Jesucristo es la semilla davídica específica (Mt. 1:1; Jn. 7:42) a quien Dios pretende entronizar (Mt. 19:28; 25:31; Lc. 1:32; Jn. 18:37) a fin de que realice un gobierno terrenal futuro sobre Israel y las naciones (Sal. 110:2; Zac. 14:9; Lc. 1:33; Ap. 11:15; 12:5; 19:15-16) durante el reino milenial (Ap. 20:1-10).

El nuevo pacto

El incondicional, unilateral (Ez. 20:37; 37:26), eterno (Is. 55:3; 59:21; 61:8; Jer. 32:40; 50:5; Ez. 16:60; 37:26; He. 9:15; 13:20) e irrevocable (Is. 54:10; He. 7:22) nuevo pacto supone la anulación, debido al pecado de Israel, del pacto condicional antiguo y mosaico (Jer. 31:32; Ez. 44:7; Zac. 11:10-11), el cual se hizo originalmente con Israel (Jer. 31:31) y contiene bendiciones redentoras tanto de salvación (Is. 49:8; Jer. 31:34) como de prosperidad (Is. 49:8; Jer. 32:40ss.; 50:5; Ez. 34:25; Os. 2:18ss.). Este pacto autónomo permitió más tarde a la Iglesia del Nuevo Testamento participar de manera salvadora (cp. Ro. 11:11-32) a través de Cristo, el mensajero (Mal. 3:1) y mediador (He. 8:6; 9:15; 12:24) de un mejor pacto (He. 7:22; 8:6) comprado con la sangre y muerte de este Sumo Sacerdote único (Zac. 9:11; Mt. 26:28; 1 Co. 11:25; He. 9:15; 10:29; 12:24; 13:20). Los creyentes del Antiguo Testamento anticiparon (He. 9:15) el sacrificio vivificador de Cristo (2 Co. 3:6) que incluye: (1) gracia (He. 10:29); (2) paz (Is. 54:10; Ez. 34:25; 37:26); (3) el Espíritu (Is. 59:21); (4) redención (Is. 49:8; Jer. 31:34; He. 10:29); (5) eliminación del pecado (Jer. 31:34; Ro. 11:27; He. 10:17); (6) un corazón nuevo (Jer. 31:33; He. 8:10; 10:16); y (7) una relación nueva con Dios (Jer. 31:33; Ez. 16:62; 37:26-

27; He. 8:10). Este pacto describe el nuevo compromiso de Israel con Dios (Os. 2:19-20) iniciado por la misma misericordia divina como pacto davídico (Is. 55:3).

El futuro de Israel

Tanto el pacto abrahámico como el davídico estaban destinados a ser incondicionales en su efecto final. En ninguna parte, las Escrituras sugieren que Israel abandonara para siempre las bendiciones de Dios y que tales bendiciones supuestamente se hayan vuelto espirituales y sean heredadas por la Iglesia. Decir lo contrario es malinterpretar en realidad las intenciones de Dios.

Al pacto abrahámico se le llamó pacto eterno en el cual el Señor les dio a Abraham y sus descendientes la tierra de Israel como posesión eterna (Gn. 17:7-8). La promesa que Dios le hizo a Abraham se corrobora en 1 Crónicas 16:15-17 y Salmos 105:8-15. Mediante este pacto, a Israel se le promete un pueblo.

Al pacto davídico de 2 Samuel 7:8-16 se le llamó pacto eterno en 2 Samuel 23:5; 2 Crónicas 21:7; y Salmos 89:3-4, 19-29, 36. Un trono se le promete a Israel mediante este pacto.

El apóstol Pablo lo declaró mejor cuando habló acerca de Israel: "No quiero, hermanos, que ignoréis este misterio... porque irrevocables son los dones y el llamamiento de Dios" (Ro. 11:25, 29). Solo el premilenialismo futurista toma en serio la naturaleza incondicional de los pactos eternos de Dios y su irreversibilidad.

Las promesas innegables de Dios

La cuarta y última pieza esquinera que define el rompecabezas profético se enfoca en las promesas innegables de Dios para una nación antigua a la que pronto juzgaría. Los israelitas entendieron que habría un momento en el futuro en que como nación y pueblo serían restaurados. Entonces, el tan esperado Mesías vendría y gobernaría desde Jerusalén, sentado en el trono de David sobre Israel y el mundo entero.

Los siguientes textos del Antiguo Testamento no necesitan explicación, ya que apuntan claramente hacia una esperanza premilenialista futura para Israel.

Jeremías 24:6-7
Pondré mis ojos sobre ellos para bien, y los volveré a esta tierra, y los edificaré, y no los destruiré; los plantaré y no los arrancaré. Y les daré corazón para que me conozcan que yo soy Jehová; y me serán por pueblo, y yo les seré a ellos por Dios; porque se volverán a mí de todo su corazón.

Jeremías 31:12
Vendrán con gritos de gozo en lo alto de Sion, y correrán al bien de Jehová, al pan, al vino, al aceite, y al ganado de las ovejas y de las vacas; y su alma será como huerto de riego, y nunca más tendrán dolor.

Jeremías 31:40
Todo el valle de los cuerpos muertos y de la ceniza, y todas las llanuras hasta el arroyo de Cedrón, hasta la esquina de la puerta de los caballos al oriente, será santo a Jehová; no será arrancada ni destruida más para siempre.

Ezequiel 34:28-29
No serán más por despojo de las naciones, ni las fieras de la tierra las devorarán; sino que habitarán con seguridad, y no habrá quien las espante. Y levantaré para ellos una planta de renombre, y no serán ya más consumidos de hambre en la tierra, ni ya más serán avergonzados por las naciones.

Ezequiel 37:25
Habitarán en la tierra que di a mi siervo Jacob, en la cual habitaron vuestros padres; en ella habitarán ellos, sus hijos y los hijos de sus hijos para siempre; y mi siervo David será príncipe de ellos para siempre.

Joel 2:26-27
Comeréis hasta saciaros, y alabaréis el nombre de Jehová vuestro Dios, el cual hizo maravillas con vosotros; y nunca jamás será mi pueblo avergonzado. Y conoceréis que en

medio de Israel estoy yo, y que yo soy Jehová vuestro Dios, y no hay otro; y mi pueblo nunca jamás será avergonzado.

Joel 3:18-20
Sucederá en aquel tiempo, que los montes destilarán mosto, y los collados fluirán leche, y por todos los arroyos de Judá correrán aguas; y saldrá una fuente de la casa de Jehová, y regará el valle de Sitim. Egipto será destruido, y Edom será vuelto en desierto asolado, por la injuria hecha a los hijos de Judá; porque derramaron en su tierra sangre inocente. Pero Judá será habitada para siempre, y Jerusalén por generación y generación.

Amós 9:11-15
En aquel día yo levantaré el tabernáculo caído de David, y cerraré sus portillos y levantaré sus ruinas, y lo edificaré como en el tiempo pasado; para que aquellos sobre los cuales es invocado mi nombre posean el resto de Edom, y a todas las naciones, dice Jehová que hace esto. He aquí vienen días, dice Jehová, en que el que ara alcanzará al segador, y el pisador de las uvas al que lleve la simiente; y los montes destilarán mosto, y todos los collados se derretirán. Y traeré del cautiverio a mi pueblo Israel, y edificarán ellos las ciudades asoladas, y las habitarán; plantarán viñas, y beberán el vino de ellas, y harán huertos, y comerán el fruto de ellos. Pues los plantaré sobre su tierra, y nunca más serán arrancados de su tierra que yo les di, ha dicho Jehová Dios tuyo.

Sofonías 3:14-20
Canta, oh hija de Sion; da voces de júbilo, oh Israel; gózate y regocíjate de todo corazón, hija de Jerusalén. Jehová ha apartado tus juicios, ha echado fuera tus enemigos; Jehová es Rey de Israel en medio de ti; nunca más verás el mal. En aquel tiempo se dirá a Jerusalén: No temas; Sion, no se debiliten tus manos. Jehová está en medio de ti, poderoso, él salvará; se gozará sobre ti con alegría, callará de amor, se

> regocijará sobre ti con cánticos. Reuniré a los fastidiados por causa del largo tiempo; tuyos fueron, para quienes el oprobio de ella era una carga. He aquí, en aquel tiempo yo apremiaré a todos tus opresores; y salvaré a la que cojea, y recogeré la descarriada; y os pondré por alabanza y por renombre en toda la tierra. En aquel tiempo yo os traeré, en aquel tiempo os reuniré yo; pues os pondré para renombre y para alabanza entre todos los pueblos de la tierra, cuando levante vuestro cautiverio delante de vuestros ojos, dice Jehová.
>
> **Zacarías 14:1, 9, 11**
> He aquí, el día de Jehová viene, y en medio de ti serán repartidos tus despojos... Y Jehová será rey sobre toda la tierra. En aquel día Jehová será uno, y uno su nombre... Y morarán en ella, y no habrá nunca más maldición, sino que Jerusalén será habitada confiadamente.

Permíteme ser tan atrevido como para decir que, *si* Dios no cumple estas promesas a Israel como pueblo y nación, ha fallado en cumplir su palabra. Esta es una declaración fuerte y no pretende ofender, sino sacudir a quienes creen lo contrario para que vean cuán antibíblica es realmente su escatología. Ningún creyente en la Biblia, amilenialista que confiesa a Cristo, premilenialista futurista, premilenialista histórico o posmilenilista creería que Dios es mentiroso. Todos creeríamos que Él es la verdad, que dice la verdad y que no miente como los hombres (Nm. 23:19; 1 S. 15:29; Tit. 1:2).

Sin embargo, los partidarios del amilenialismo, el premilenialismo histórico y el posmilenialismo permiten, sin saberlo, que sus propias afirmaciones teológicas sobre los atributos de Dios de ser veraz y de que dice la verdad sean contradichas por su escatología de negar la restauración de Israel a su tierra antigua con un Rey davídico, el Mesías, en un reino de mil años.

Dios no miente y, por tanto, sus promesas a Israel son ciertas y seguramente aún no se han cumplido (2 Co. 1:20). Los amilenialistas, premilenialistas históricos y posmilenialistas deben reajustar su escatología para conformarse a la verdad y a la verdadera naturaleza de Dios.

La preservación de Israel

Veamos ahora las piezas de los bordes del rompecabezas profético. Israel es el grupo étnico más perseguido en la historia. Desde los egipcios de la época de Moisés hasta las atrocidades de Hitler en la Segunda Guerra Mundial, a menudo la raza judía ha estado a punto de ser eliminada. Desde la cautividad asiria (*ca.* 722 a.C.), la nación nunca ha recuperado ningún grado de su antiguo gobierno soberano como el que tuvo con la monarquía unida de David y Salomón.

Hoy día, los judíos representan menos de 0,5 por ciento de la población del mundo. Las fronteras de Israel son aproximadamente 265 kilómetros (N-S) por 80 kilómetros (E-O). Sin embargo, no ha sido destruido por incontables intentos de genocidio ni se ha perdido su identidad étnica. Sigue siendo un pueblo reconocido en una tierra identificable que remonta ambos elementos hasta Abraham en Génesis 12. Algunos han llamado a esta extraordinaria preservación el "milagro más grande de todos".

No obstante, la preservación involucra solamente la mitad de la historia. Dios prometió *preservación* de modo que finalmente pudiera comenzar la *restauración*. Hasta este momento no se ha producido un retorno con las características enumeradas en las Escrituras... ni en los antiguos retornos de Babilonia ni en el regreso moderno de 1948.

El Antiguo Testamento usa un lenguaje muy específico para describir la singularidad de la restauración prometida, provista y facultada por Dios.

- Una restauración irreversible (Jer. 31:40; Am. 9:15).
- Una restauración eterna (Ez. 37:25).
- Una restauración atrevida y abundante (Jl. 2:26-27).
- Una restauración internacionalmente aplaudida (Sof. 3:20).

El enfoque amilenial, posmilenial y premilenial histórico de estos pasajes representa minimizarles sus aspectos literales e históricos, mientras que acentúa su significado espiritual o teológico. No obstante, este es un contaminante importante en la pomada de su escatología. Pero, para el premilenialismo futurista, la promesa de la dramática restauración de Israel de acuerdo con las promesas de

Dios en las Escrituras representa una parte muy clara y crucial del rompecabezas profético.

Tanto Ezequiel como Jeremías proporcionan algunos de los testimonios más convincentes de que el premilenialismo futurista es el resultado inequívoco del plan de Dios y de la enseñanza de las Escrituras. Ezequiel 37:15-28 presenta detalles de la restauración como ningún otro texto en la Biblia, según lo ilustra el siguiente diagrama.

RESTAURACIÓN DE ISRAEL SEGÚN EZEQUIEL 37	
Nación unificada (vv. 19, 22)	Rey davídico (vv. 24, 25)
Rescate global (vv. 20, 21)	Ciudadanos obedientes (v. 24)
Propiedad reclamada (v. 21)	Residencia permanente (v. 25)
Un rey (v. 22)	Pacto de paz (v. 26)
Pueblo justo (v. 23)	Lugar de morada de Dios (v. 27)
Verdadera adoración (v. 23)	Reconocimiento internacional (v. 28)

Este pasaje no puede explicarse como si ya se hubiera cumplido. Nada en la historia pasada de Israel, desde los exilios asirio y babilónico, se asemeja remotamente en detalle meticuloso a este escenario que Ezequiel describe. Tampoco puede explicarse que tenga que ver con la bendición heredada por la Iglesia y perdida para Israel por su incesante pecado. El detalle prohíbe cualquier intento de espiritualizar la intención y el contexto que se encuentran aquí.

Aún más persuasivos son dos pasajes en Jeremías (31:35-37; 33:19-26). Uno repite las promesas abrahámicas (31:35-37) y el otro las características davídicas (33:19-26). El primero implica preservar la simiente de Abraham (tanto personal como nacionalmente) y el segundo habla de restaurar la realeza davídica. Tanto la preservación como la restauración son tan seguras como:

- El orden fijado del día y la noche (31:35; 33:20, 25).

- Las alturas inconmensurables del cielo y las profundidades de la tierra (31:37; 33:22).

Hace más de doscientos años, Federico II (1712-1786), el gran rey de Prusia (1740-1786), discutió con su capellán la verdad de la Biblia. El rey se había vuelto escéptico respecto al cristianismo, en gran parte por la influencia del ateo francés Voltaire.

—Si tu Biblia es realmente cierta, debería poder verificarse con una prueba muy sencilla —indicó el rey al capellán—. Muy a menudo, cuando he pedido prueba de la inspiración de la Biblia, me han dado un volumen enorme que ni tengo tiempo de leer ni quiero hacerlo. Si tu Biblia es realmente de Dios, deberías poder demostrar el hecho en forma sencilla. Dame una prueba, en una sola palabra, de la inspiración de la Biblia.

—Su majestad, me es posible responder literalmente su petición —contestó el capellán—. Puedo darle la prueba que pide en una sola palabra.

—¿Cuál es esta palabra mágica que tiene tanto peso de prueba? —preguntó Federico, sorprendido por la respuesta.

—Israel —manifestó el capellán.

Federico se quedó en silencio.

La milagrosa preservación de Israel a través de los milenios es una señal segura de que Dios también restaurará finalmente a la nación, como lo enseñaron claramente los profetas y lo confirma el premilenialismo futurista.

La exclusividad de Israel en Deuteronomio 28

El amilenialismo, el premilenialismo histórico y el posmilenialismo afirman que las maldiciones de Dios en Deuteronomio 28:15-68 se hicieron para Israel (históricamente), pero que las bendiciones prometidas en 28:1-14 fueron para la Iglesia (espiritualmente). Sin embargo, cuatro observaciones demuestran que estas conclusiones son antibíblicas.

- No hay garantía hermenéutica para interpretar Deuteronomio 28 tanto histórica como espiritualmente.

- No hay evidencia exegética que relacione a Deuteronomio 28 con la Iglesia del Nuevo Testamento.
- En realidad, Israel experimentó tanto las bendiciones históricas (cp. Jos. 21:45; 23:14; 1 R. 8:56) como las maldiciones históricas (cp. Jos. 23:15-16).
- El Nuevo Testamento nunca asocia Deuteronomio 28 con la Iglesia (a saber, los escritores del Nuevo Testamento nunca citan Deuteronomio 28).

Por otra parte, hay tres observaciones bíblicas importantes que confirman la posición premilenialista futura de que Israel (como nación actual que rechaza a Cristo) todavía experimenta las maldiciones de Deuteronomio 28.

- Dios quiso que las maldiciones duraran "para siempre" (Dt. 28:46) en el sentido de un período muy largo y extendido, pero no para toda la eternidad.
- La gloria Shekinah salió del templo en Jerusalén (Ez. 8–11) y no regresará hasta el tiempo del Mesías (Is. 11:11; Zac. 14:11), el cual aún es futuro.
- Las maldiciones de Deuteronomio 28 cesarán solo cuando Israel, en sumisión al gobierno terrenal del Mesías, regrese a la tierra (Jer. 32:36-44; Ez. 20:39-44; 28:25-26).

Dos pasajes en las Escrituras tratan con la finalización de las maldiciones. Primero, Zacarías 14:11: "No habrá nunca más maldición, sino que Jerusalén será habitada confiadamente". Esto se refiere a las maldiciones de Deuteronomio 28. El reino milenial de Cristo será el tiempo prometido de bendición para Israel. Segundo, Apocalipsis 22:3: "No habrá más maldición", refiriéndose a la maldición edénica de Génesis 3:8-21 sobre toda la tierra y toda la población humana. La eternidad futura, el tema de Apocalipsis 21–22, será sin pecado humano y, por tanto, sin la maldición de parte de Dios.

La identidad fijada de Israel

Un grupo de personas que portaban pancartas con la proclama "La

Iglesia es Israel ahora" se manifestó hace varios años frente a la Grace Community Church. Un conocido autor cristiano y personalidad bíblica radial enseña que "la Iglesia es el verdadero Israel de Dios". Por tanto, sostiene el punto de vista amilenial, posmilenial y premilenial histórico de Israel y la Iglesia, que enseña que la Iglesia ha reemplazado a Israel como el único pueblo de Dios (cp. capítulo 5, "¿Qué acerca de Israel?"). Sin embargo, ¿es bíblicamente cierta esta declaración?

Por una variedad de razones bíblicas puede enseñarse con confianza que la Iglesia no ha reemplazado a Israel.

- El libro de Hechos habla frecuentemente de la iglesia (diecinueve veces) y de Israel (veinte veces). Comenzando en Pentecostés, "iglesia" siempre se refiere a aquellas personas (judías y gentiles) que creen en Cristo; "Israel" siempre se refiere histórica y étnicamente a la nación judía. Los términos nunca se usan en forma sinónima o intercambiable.
- Nunca en todo el Nuevo Testamento se llama a la Iglesia el "Israel espiritual" o el "nuevo Israel". Además, nunca en todo el Nuevo Testamento a "Israel" se le llama alguna vez "Iglesia".
- "Iglesia" se menciona diecinueve veces en Apocalipsis 1–3. "Iglesia" no se confunde más tarde con "Israel" en Apocalipsis 6–19. Curiosamente, no hay mención de "iglesia" desde Apocalipsis 3:22 hasta 22:16.

Algunos han propuesto que Romanos 9:6 habla de la Iglesia como Israel, cuando afirma que "no todos los que descienden de Israel son israelitas". No obstante, la distinción de Pablo aquí es entre judíos étnicos cuyo linaje puede rastrearse hasta Abraham solo en un sentido físico, y judíos étnicos que tienen herencia tanto física como espiritual en Abraham. En Gálatas 6:16, Pablo usa la frase "Israel de Dios". Algunos han llegado a la conclusión de que Pablo está igualando aquí a Israel con la Iglesia, cuando en realidad está refiriéndose a los creyentes judíos en la congregación de la Iglesia.[7]

---

7. S. Lewis Johnson, "Paul and 'The Israel of God': An Exegetical and Eschatological Case Study", en *Essays in Honor of J. Dwight Pentecost*, eds. Stanley D. Toussaint y Charles H. Dyer (Chicago: Moody, 1986), 181-96.

Robert Louis Stevenson, famoso escritor escocés del siglo XIX, escribió estas sorprendentes palabras sobre la equiparación menos que sensata de la Iglesia con el "Israel espiritual".

> Me cuesta entender cómo ustedes, teólogos y predicadores, pueden aplicar a la Iglesia —o a la multiplicidad de iglesias— las promesas de las Escrituras que, en su sentido claro, deben aplicarse al pueblo escogido por Dios (Israel) y a Palestina; y que en consecuencia deben ser futuras... Los libros proféticos están llenos de enseñanzas que, si se interpretan literalmente, serían inspiradoras y una magnífica aseveración de un futuro grandioso y glorioso; pero las cuales, al espiritualizarlas, se vuelven ridículas, y cuando se aplican a la Iglesia son una comedia.[8]

La venida de Cristo y la secuencia reinante

Cuatro textos significativos de la "segunda venida" (dos en el Antiguo Testamento y dos en el Nuevo) enseñan esta secuencia de acontecimientos: Cristo viene primero y después reina, como se ilustra en el siguiente diagrama.

CRISTO VIENE	CRISTO REINA
Daniel 2:34-35	Daniel 2:44-45
Zacarías 14:5	Zacarías 14:9
Mateo 24:27, 30, 37, 39, 42, 44	Mateo 25:31
Apocalipsis 19:11-16	Apocalipsis 20:4

Esto es lo que enseña el premilenialismo futurista. No obstante, el amilenialismo y el posmilenialismo enseñan que Cristo reina primero en el cielo y luego viene a juzgar sin reinar en la tierra antes de la eternidad futura. Esta secuencia de datos del amilenialismo y el posmilenialismo contradice una enseñanza clara de las Escrituras.

8. Citado en S. J. Whitmee, "'Tusitala', R.L.S.—A New Phase", *The Atlantic Monthly* 131 (marzo, 1923): 348.

El premilenialismo histórico propone que Cristo reina primero en el sentido del pacto davídico en el cielo, luego viene y después vuelve a reinar en la tierra.

Solo el premilenialismo futurista sigue el patrón bíblico de primera venida y reinado posterior.

Una palabra final

Estas cuatro piezas esquineras y cuatro con bordes del rompecabezas profético dan forma significativa al patrón bíblico de acontecimientos futuros.

- Una hermenéutica coherente
- Una exégesis imparcial
- Pactos incondicionales de Dios
- Promesas innegables (o inexorables) de Dios
    - Preservación de Israel
    - Exclusividad de Israel en Deuteronomio 28
    - Identidad fijada de Israel
    - Venida de Cristo y secuencia reinante

Una vez terminado el rompecabezas, revela una descripción pormenorizada del gobierno de Cristo sobre su reino milenial global desde el trono davídico en Jerusalén, tal como Dios prometió y tal como el premilenialismo futurista anticipa.

Capítulo cuatro

¿POR QUÉ UN ARREBATAMIENTO PRETRIBULACIONAL?

Richard Mayhue

Cada posición sobre el arrebatamiento tiene sus defensores extremistas que han empleado un razonamiento o metodología inaceptables para demostrar su punto de vista. El pretribulacionismo no es la excepción. Algunos de los defectos nada satisfactorios que se han observado en todos los lados del debate sobre el arrebatamiento incluyen:

- Poner documentos históricos no bíblicos en igualdad de condiciones con las Escrituras a fin de obtener un sentido mayor de autoridad por la conclusión de uno mismo o incluso para refutar una presentación bíblica.
- Relacionar acontecimientos actuales con las Escrituras con el fin de demostrar el punto de vista de uno mismo.
- Interpretar un pasaje de las Escrituras según la posición predeterminada de uno mismo para obtener un aparente apoyo bíblico, sin demostrarlo primero.
- Atacar el carácter de quien defiende un punto de vista particular para desacreditar su perspectiva.

- Acusar a un defensor de una opinión opuesta de sostener ciertas interpretaciones o creencias inaceptables, cuando en realidad no es así, con la finalidad de demostrar falsamente su supuesta erudición deficiente.
- Emplear datos selectivos para expresar algo, cuando la revelación completa realmente habría debilitado la conclusión.
- Extraer insinuaciones injustificadas y erróneas del texto griego del Nuevo Testamento que se utilizan para anular las conclusiones más obvias y determinantes que se derivan del contexto de un pasaje.

Esta presentación intenta evitar esos pasos en falso demasiado comunes. Las siguientes preguntas se plantearán y contestarán en este intento de presentar una respuesta convincente a la duda que se tiene a mano: "¿Por qué un arrebatamiento pretribulacional?".

- ¿Qué significa "arrebatamiento"?
- ¿Habrá un arrebatamiento escatológico?
- ¿Será parcial o total, el arrebatamiento?
- ¿Será el arrebatamiento antes, en medio o después con relación a la septuagésima semana de Daniel?

El alcance de este capítulo no permite analizar las principales deficiencias de otras posiciones. Sin embargo, este análisis describe la superioridad exegética del pretribulacionismo según enseñan los principales textos escatológicos como Mateo 24–25, 1 Corintios 15, 1 Tesalonicenses 4 y Apocalipsis 3:6-18. Ninguna única razón hace que el pretribulacionismo sea convincente, sino más bien la fuerza combinada de todos los razonamientos que han de presentarse.

¿Qué significa "arrebatamiento"?

El sustantivo "arrebatamiento" y el verbo "arrebatar" vienen de la palabra latina *raptura,* que en la Vulgata latina traduce la palabra griega *jarpázo* que se usa catorce veces en el Nuevo Testamento. La idea básica del vocablo es "remover o quitar repentinamente". El Nuevo

Testamento la usa en referencia a robar o saquear (Mt. 11:12; 12:29; 13:19; Jn. 10:12, 28, 29) y retirar (Jn. 6:15; Hch. 8:39; 23:10; Jud. 23).

El tercer uso se centra en ser llevado al cielo. Se usa para la experiencia del tercer cielo de Pablo (2 Co. 12:2, 4) y de la ascensión de Cristo (Ap. 12:5). Obviamente, *jarpázo* es entonces la palabra perfecta para describir a Dios levantando de repente a la Iglesia de la tierra al cielo como la primera parte de la segunda venida de Cristo. No obstante, el término en sí no contiene ningún indicio del tiempo del arrebatamiento en relación con la septuagésima semana de Daniel.

¿Habrá un arrebatamiento escatológico?

Primera Tesalonicenses 4:16-17 se refiere sin duda a un arrebatamiento que es escatológico en naturaleza. Aquí *jarpázo* se traduce "arrebatados":

> El Señor mismo con voz de mando, con voz de arcángel, y con trompeta de Dios, descenderá del cielo; y los muertos en Cristo resucitarán primero. Luego nosotros los que vivimos, los que hayamos quedado, seremos arrebatados juntamente con ellos en las nubes para recibir al Señor en el aire, y así estaremos siempre con el Señor.

Sin emplear *jarpázo*, pero usando lenguaje contextual similar, 1 Corintios 15:51-52 se refiere al mismo acontecimiento escatológico de 1 Tesalonicenses 4:16-17:

> He aquí, os digo un misterio: No todos dormiremos; pero todos seremos transformados, en un momento, en un abrir y cerrar de ojos, a la final trompeta; porque se tocará la trompeta, y los muertos serán resucitados incorruptibles, y nosotros seremos transformados.

Por tanto, se puede concluir con certeza que las Escrituras señalan la realidad de un arrebatamiento escatológico, aunque ninguno de estos textos fundamentales contenga indicadores explícitos de tiempo.

¿Será parcial o total el arrebatamiento?

Algunos han sugerido que el arrebatamiento del que se habla en 1 Tesalonicenses 4:16-17 y 1 Corintios 15:51-52 será solo un arrebatamiento parcial, no un arrebatamiento de todos los que creen. Razonan que la participación en el arrebatamiento no se basa en la verdadera salvación del individuo, sino que es condicional, basada en su conducta meritoria.

Esta teoría se basa en pasajes del Nuevo Testamento que hacen hincapié en vigilar y esperar con obediencia, como Mateo 25:1-13, 1 Tesalonicenses 5:4-8 y Hebreos 9:28. El resultado sería que solo parte de la Iglesia es arrebatada y quienes no lo son soportarían a través de una parte, o de toda, la septuagésima semana de Daniel. Sin embargo, estos textos bíblicos que supuestamente enseñan un arrebatamiento parcial se entienden mejor como una diferenciación entre los creyentes verdaderos que son arrebatados y simples profesantes que se quedan atrás. Los textos que se refieren al aspecto final de la segunda venida de Cristo a menudo se usan erróneamente para apoyar la teoría del arrebatamiento parcial.

La teoría del arrebatamiento parcial no es convincente porque los pasajes de aparente sustento no apoyan la conclusión. Varias consideraciones más también socavan esta posición. Primero, 1 Corintios 15:51 afirma que "todos" serán transformados, no solo algunos. Segundo, un arrebatamiento parcial exigiría lógicamente una resurrección parcial paralela, la cual no se enseña en ninguna parte en las Escrituras. Tercero, un arrebatamiento parcial minimizaría y posiblemente eliminaría la necesidad del tribunal de Cristo, porque el grupo de creyentes verdaderos llevados en el arrebatamiento recibiría una recompensa mayor que el grupo de creyentes verdaderos (pero que necesitan más refinamiento espiritual) que se queda en la tierra. Cuarto, un arrebatamiento parcial crea una especie de purgatorio en la tierra para aquellos creyentes que se quedan. Quinto, un arrebatamiento parcial no se enseña de manera clara y explícita en las Escrituras. Por tanto, llegamos a la conclusión de que el arrebatamiento será total y completo, no parcial.

¿Será el arrebatamiento anterior, en medio o posterior en relación con la septuagésima semana de Daniel?

Las siete evidencias siguientes señalan un arrebatamiento pretribulacional. En la opinión de este escritor, tales evidencias crean un caso más convincente que el razonamiento dado para cualquier otro tiempo posible del arrebatamiento.

La Iglesia no se menciona en Apocalipsis 6–19 como que estuviera en la tierra

El término común del Nuevo Testamento para *iglesia* (*ekklesía*) se usa diecinueve veces en Apocalipsis 1–3, y trata principalmente con la Iglesia histórica del primer siglo, hacia el final de la vida del apóstol Juan (alrededor del año 95 d.C.). No obstante, "iglesia" (*ekklesía*) aparece solo una vez más en el libro de veintidós capítulos, y eso al final (22:16) cuando Juan se dirige de nuevo a la iglesia del primer siglo. Curiosamente, en ninguna parte durante el período de la septuagésima semana de Daniel se usa el término "iglesia" para los creyentes en la tierra (cp. Ap. 6–19).

Es extraordinario y totalmente inesperado que Juan pasara de las instrucciones detalladas para la Iglesia a un silencio absoluto sobre esta en los catorce capítulos que describen la septuagésima semana de Daniel (Ap. 6–19) si la Iglesia continuara realmente en la tribulación. Si la Iglesia va a experimentar la tribulación de la septuagésima semana de Daniel, entonces el estudio más detallado de los acontecimientos de la tribulación incluiría sin duda un relato del papel de ella. ¡Pero no es así! El único momento del arrebatamiento que explicaría esta mención frecuente de la "Iglesia" en Apocalipsis 1–3 y la ausencia total de la "Iglesia" en la tierra hasta Apocalipsis 22:16 es un arrebatamiento pretribulacional que reubicaría a la Iglesia de la tierra en el cielo antes de la septuagésima semana de Daniel.

Hoy día, la Iglesia universal es el canal humano de Dios de la verdad redentora. Apocalipsis da ciertas indicaciones de que el remanente judío será el instrumento humano de Dios durante la septuagésima semana de Daniel. El lector imparcial quedaría sin duda impresionado por el abrupto cambio de la "Iglesia" en Apocalipsis 2–3 hacia los 144.000 judíos de las doce tribus en Apocalipsis 7 y 14. Sin duda alguna preguntaría: "¿Por qué este cambio?".

Además, debido a que Apocalipsis 12 es una mini sinopsis de todo el período de tribulación y a que la mujer que da a luz al hijo varón (Ap. 12:13) es Israel, entonces de manera lógica y actual el período de tribulación se enfoca en la nación de Israel y no en la Iglesia. Por tanto, parece muy incoherente e incorrecto argumentar que la Iglesia estuviera ausente en las primeras sesenta y nueve semanas de Daniel, pero que estuviera presente en la setenta. La mejor explicación de la ausencia de la Iglesia es que un arrebatamiento pretribulacional la ha sacado de la tierra antes de la septuagésima semana de Daniel.

El arrebatamiento se vuelve inconsecuente si es postribulacional

Si Dios preserva de manera milagrosa a la Iglesia a través de la tribulación (como postula el postribulacionismo), ¿por qué tener un arrebatamiento? Si se trata de evitar la ira de Dios en Armagedón, ¿por qué entonces Dios no seguiría protegiendo a los santos en la tierra tal como protegió a Israel (véase Éx. 8:22; 9:4, 26; 10:23; 11:7) de su ira derramada sobre Faraón y Egipto? Además, si el propósito del arrebatamiento es que los santos vivos eviten el Armagedón (nuevamente, como sugiere el postribulacionismo), ¿por qué también resucitar al mismo tiempo a los santos que ya son inmunes?

Asimismo, si el arrebatamiento tuviera lugar en relación con la venida postribulacional del Señor, la separación posterior de las ovejas y las cabras (véase Mt. 25:31ss.) sería redundante. La separación se habría producido en el acto mismo del traslado (arrebatamiento) de la Iglesia.

Además, si todos los creyentes de la tribulación serían arrebatados y glorificados justo antes de la inauguración del reino milenial, ¿quién poblará y propagará el reino? Las Escrituras indican que los no creyentes vivos serán juzgados al final de la tribulación y sacados de la tierra (véase Mt. 13:41-42; 25:41). Sin embargo, también enseñan que a los creyentes les nacerán hijos durante el milenio y que estos hijos serán capaces de pecar (véase Is. 65:20; Ap. 20:7-10). Esto no sería posible si todos los creyentes en la tierra hubieran sido glorificados a través de un arrebatamiento postribulacional.

Por último, el paradigma postribulacional de la Iglesia que es arrebatada y luego regresada inmediatamente a la tierra no deja tiempo para que ocurra el Bema (tribunal de juicio) de Cristo (1 Co. 3:10-15; 2 Co. 5:10), ni la cena de bodas (Ap. 19:6-10). Por tanto, puede concluirse que una ocurrencia postribulacional del arrebatamiento no tiene sentido lógico, es incongruente con el juicio de las cabras y las ovejas y en realidad elimina dos acontecimientos críticos del tiempo final. Sin embargo, un arrebatamiento pretribulacional evita todas estas dificultades insuperables.

Las epístolas no contienen advertencias preparatorias de una tribulación inminente para los creyentes de la era de la Iglesia

Las instrucciones de Dios para la Iglesia a través de las epístolas contienen una variedad de advertencias, pero nunca se advierte a los creyentes que se preparen para entrar en, y soportar, la tribulación de la septuagésima semana de Daniel. Advierten enérgicamente respecto al error venidero y los falsos profetas (véase Hch. 20:29-30; 2 P. 2:1; 1 Jn. 4:1-3; Jud. 4). Advierten contra la vida impía (véase Ef. 4:25–5:7; 1 Ts. 4:3-8; He. 12:1). Las advertencias divinas incluso amonestan a los creyentes a soportar en medio de la tribulación actual (véase 1 Ts. 2:13-14; 2 Ts. 1:4; toda 1 P.). No obstante, hay un silencio absoluto en cuanto a preparar a la Iglesia para alguna clase de tribulación como la que se encuentra en Apocalipsis 6–18.

Sería incoherente que las Escrituras guardaran silencio sobre un cambio tan traumático para la Iglesia. Si fuera cierto algún tiempo del arrebatamiento distinto al pretribulacional, podría esperarse que las epístolas enseñaran la realidad de la Iglesia en la tribulación, su propósito en la tribulación y su comportamiento en la tribulación. Sin embargo, no existe ninguna enseñanza como esta en ninguna parte. Solo un arrebatamiento pretribulacional explica satisfactoriamente tan absoluto silencio.

Primera Tesalonicenses 4:13-18 exige un arrebatamiento pretribulacional

Para facilitar el debate, supongamos hipotéticamente que es verdadero algún otro tiempo del arrebatamiento que no sea el pretribulacional. ¿Qué, pues, esperaríamos encontrar en 1 Tesalonicenses 4? ¿Cómo se compara esto con lo que observamos?

Primero, esperaríamos que los tesalonicenses tuvieran gozo por el hecho de que sus seres queridos estuvieran en casa con el Señor y que no tuvieran que soportar los horrores de la tribulación. Pero descubrimos que los tesalonicenses están realmente afligidos porque temen que sus seres queridos vayan a perderse el arrebatamiento (vv. 13-15). Solo un arrebatamiento pretribulacional explica este sufrimiento.

Segundo, esperaríamos que los tesalonicenses estuvieran afligidos por su propia tribulación inminente en lugar de estarlo por sus seres amados. Además, esperaríamos que fueran inquisitivos por su propia persecución futura. Sin embargo, los tesalonicenses no tienen temores ni preguntas sobre la tribulación venidera.

Tercero, esperaríamos que Pablo, incluso en ausencia de interés o preguntas por parte de los tesalonicenses, hubiera proporcionado instrucciones y exhortación para tan suprema prueba, lo cual haría que la tribulación actual que padecían pareciera microscópica en comparación. No obstante, no hay ningún indicio de alguna tribulación inminente de esta clase.

Por tanto, 1 Tesalonicenses 4 solo se ajusta a un modelo de un arrebatamiento pretribulacional. Es incompatible con cualquier otro tiempo para el arrebatamiento.

Juan 14:1-3 en comparación con 1 Tesalonicenses 4:13-18

Juan 14:1-3 se refiere al regreso de Cristo. No es una promesa para todos los creyentes de que irán a Él al morir. El pasaje se refiere al arrebatamiento de la Iglesia. Nota las comparaciones cercanas entre las promesas de Juan 14:1-3 y 1 Tesalonicenses 4:13-18. Primera, la promesa de una presencia con Cristo: "Que donde yo estoy, vosotros también estéis" (Jn. 14:3). "Estaremos siempre con el Señor" (1 Ts. 4:17). Segunda, la promesa de consuelo: "No se turbe vuestro corazón" (Jn. 14:1). "Alentaos los unos a los otros con estas palabras" (1 Ts. 4:18).

Jesús da instrucciones a los discípulos de que va a ir a la casa de su Padre (el cielo) para prepararles un lugar. Les prometió que regresaría y los recibiría para que pudieran estar con Él dondequiera que fuera.

La frase "donde yo estoy", aunque implica presencia continua en general, aquí significa presencia en el cielo en particular. Nuestro Señor les dijo a los fariseos en Juan 7:34: "A donde yo estaré, vosotros no podréis venir". Él no estaba hablando de su morada presente en la tierra, sino de su presencia resucitada a la diestra del Padre. En Juan 14:3, "donde yo estoy" debe querer decir "en el cielo", dado el contexto de 14:1-3.

Un arrebatamiento posterior a la tribulación demanda que los santos se encuentren con Cristo en el aire y desciendan inmediatamente a la tierra sin experimentar lo que nuestro Señor prometió en Juan 14. Ya que Juan 14 se refiere al arrebatamiento, solo un arrebatamiento pretribulacional satisface el lenguaje de Juan 14:1-3 y permite a los santos arrebatados morar durante un tiempo significativo con Cristo en la casa de su Padre.

La naturaleza de los acontecimientos en la venida postribulacional de Cristo difiere radicalmente de la del arrebatamiento

Al comparar lo que ocurre en el arrebatamiento en 1 Tesalonicenses 4:13-18 y 1 Corintios 15:50-58 con lo que sucede en los sucesos finales de la segunda venida de Cristo en Mateo 24–25 pueden observarse al menos ocho contrastes significativos. Estas diferencias exigen que el arrebatamiento ocurra en un tiempo significativamente distinto al acontecimiento final de la segunda venida de Cristo.

- En el arrebatamiento, Cristo viene en el aire y regresa al cielo (1 Ts. 4:17), mientras que en el suceso final de la segunda venida, Cristo viene a la tierra a morar y reinar (Mt. 25:31-32).
- En el arrebatamiento, Cristo reúne a los suyos (1 Ts. 4:16-17), mientras que en el suceso final de la segunda venida los ángeles reúnen a los elegidos (Mt. 24:31).

- En el arrebatamiento, Cristo viene para recompensar (1 Ts. 4:17), mientras que, en el suceso final de la segunda venida, Cristo viene a juzgar (Mt. 25:31-46).
- En el arrebatamiento, la resurrección es prominente (1 Ts. 4:15-16), mientras que, en el suceso final de la segunda venida, la resurrección no se menciona.
- En el arrebatamiento, los creyentes abandonan la tierra (1 Ts. 4:15-17), mientras que, en el suceso final de la segunda venida, los no creyentes son sacados de la tierra (Mt. 24:37 41).
- En el arrebatamiento, incrédulos permanecen en la tierra (implícito); mientras que, en el suceso final de la segunda venida, permanecen creyentes en la tierra (Mt. 25:34).
- En el arrebatamiento no se menciona el establecimiento del reino de Cristo en la tierra, mientras que, en el suceso final de la segunda venida, Cristo viene a establecer su reino en la tierra (Mt. 25:31, 34).
- En el arrebatamiento, los creyentes recibirán cuerpos glorificados (cp. 1 Co. 15:51-57), mientras que, en el suceso final de la segunda venida, nadie recibirá cuerpos glorificados.

Además, varias parábolas de Cristo en Mateo 13 confirman diferencias entre el arrebatamiento y el acontecimiento final de la segunda venida de Cristo.

- En la parábola del trigo y la cizaña, la cizaña (incrédulos) se saca de entre el trigo (creyentes) en el punto culminante de la segunda venida (Mt. 13:30, 40), mientras que los creyentes son sacados de entre los no creyentes en el arrebatamiento (1 Ts. 4:15-17).
- En la parábola de la red, los peces malos (incrédulos) se sacan de entre los peces buenos (creyentes) en la culminación de la segunda venida de Cristo (Mt. 13:48-50), mientras que los creyentes son sacados de entre los incrédulos en el arrebatamiento (1 Ts. 4:15-17).

Finalmente, no se menciona el arrebatamiento en ninguno de los textos más detallados de la segunda venida: Mateo 24 y Apocalipsis 19. Esto no es de esperar a la luz de las observaciones anteriores que apuntan de manera convincente a un arrebatamiento pretribulacional.

Apocalipsis 3:10 promete que la Iglesia será arrebatada antes de la septuagésima semana de Daniel

La iglesia de Filadelfia (Ap. 3:7-13), en nuestra opinión, se refiere tanto a la iglesia del primer siglo en ese lugar como a la iglesia futura que experimentará el arrebatamiento. Este es un ejemplo de cumplimiento profético cercano y lejano, y da mayor sentido a la advertencia de que la tribulación "ha de venir sobre el mundo entero" (Ap. 3:10), lo que no ocurrió en el primer siglo. El problema aquí es si la frase "te guardaré de (*teréo ek*) la hora de la prueba" significa "un estado seguro continuo fuera de" o "emergencia segura desde adentro".

La preposición griega *ek* ("de") tiene la idea básica de emergencia. Pero esto no se aplica en todo caso. Dos notables excepciones se encuentran en 2 Corintios 1:10 y 1 Tesalonicenses 1:10. En el pasaje de Corintios, Pablo ensaya su rescate de la muerte por parte de Dios. Ahora Pablo no emergió de un estado de muerte, sino más bien fue rescatado de peligro potencial.

Aún más convincente es 1 Tesalonicenses 1:10. Aquí Pablo declara que Jesús está rescatando de la ira venidera a los creyentes. La idea no es salir de la emergencia, sino más bien protegerse de ella.

Por tanto, *ek* puede entenderse con el significado "un estado continuo fuera de" o "protección desde adentro". De modo que ninguna posición del arrebatamiento puede ser dogmática en este punto; todas las posiciones siguen siendo posibles.

Se ha argumentado que si Juan hubiera querido decir "alejar de", habría usado *teréo apo* (cp. Stg. 1:27: "[Guardar] sin mancha del mundo"). Pero es igualmente cierto que si Juan hubiera querido decir "protección dentro de", habría usado *teréo* con *en, eis* o *dia*. Se afirma que la mayor carga de la prueba recae en otras posiciones, ya que su solución de inmunidad "dentro de" en ninguna manera explica el uso de *ek*.

Primero, *ek* está mucho más cerca de *apo* en significado que de *en, eis* o *dia*. Las dos coinciden con frecuencia, y en el griego moderno *apo* absorbe a *ek*. Al combinarse con *teréo, ek* se aproxima mucho más a *apo* que a *en, eis* o *dia*. Por tanto, "alejar de" es el significado más probable.

Segundo, la frase *teréo en* se usa tres veces en el Nuevo Testamento (véase Hch. 12:5; 1 P.1:4; Jud. 21). En cada caso implica existencia previa "dentro de", con miras a una continuación "dentro de". Ahora, si *teréo en* significa "existencia continua dentro de", es muy lógico y evidente que *teréo ek* signifique mantener una existencia *fuera de*.

Juan 17:15 ("No ruego que los quites del mundo, sino que los guardes [*teréo*] del [*ek*] mal") es el otro pasaje en el Nuevo Testamento con *teréo ek*. Esta combinación de palabras no aparece en la Septuaginta. Podemos suponer que signifique lo que signifique la frase aquí, también tendrá el mismo significado en Apocalipsis 3:10.

Sin embargo, si *teréo ek* significara "existencia previa dentro de" en Juan 17:15, entonces contradeciría a 1 Juan 5:19 donde se afirma que los creyentes le pertenecen a Dios y los no creyentes están en poder del mal. Es decir, *teréo ek* implicaría que los discípulos tendrían "existencia continua" dentro del mal. Pero desde luego que 1 Juan 5:19 dice precisamente lo contrario. Más bien, Juan 17:15 registra la petición del Señor de *guardarlos* del mal.

Ya que Juan 17:15 significa "mantenerlos fuera" del mal, entonces la idea paralela en Apocalipsis 3:10 es mantener a la Iglesia fuera de la hora de tribulación. Por tanto, solo un arrebatamiento pretribulacional cumpliría la promesa.

Si Apocalipsis 3:10 significa "inmunidad" o "protección dentro de" como insisten otras posiciones, entonces resultan varias contradicciones. Primera, si la protección en Apocalipsis 3:10 está limitada solamente a la protección de la ira de Dios, y no de Satanás, entonces Apocalipsis 3:10 rechaza la petición de nuestro Señor en Juan 17:15.

Segunda, si se argumenta que Apocalipsis 3:10 significa inmunidad total de las pruebas, ¿cómo puede esto reconciliarse con Apocalipsis 6:9-11 y 7:14, donde abundan los mártires? El martirio en masa durante la tribulación exige que la promesa a la iglesia de Filadelfia se interprete como "alejar de" la hora de la prueba, no "guardar dentro de" la prueba. Los santos martirizados durante la tribulación son aquellos que llegan a Cristo después del arrebatamiento, una vez que se ha quitado la Iglesia.

Respuestas a preguntas difíciles

En las últimas tres décadas he recopilado e interactuado con algunas de las objeciones más importantes al pretribulacionismo. A continuación, se plantean las objeciones y luego se contestan.

Ya que la frase "recibir al Señor" en 1 Tesalonicenses 4:17 (apantáo y apántesis) *puede referirse a una ciudad amiga que sale a recibir al rey visitante y escoltarlo de regreso a la ciudad, ¿no indica definitivamente esta frase un arrebatamiento postribulacional?*

Primero, este verbo puede referirse a reunirse dentro de una ciudad (Mr. 14:13; Lc. 17:12) o a salir de la ciudad para reunirse y regresar (Mt. 25:6; Hch. 28:15). Por eso, el uso de esta palabra en particular para nada es decisiva. Segundo, recuerda que Cristo viene a un pueblo hostil que finalmente peleará contra Él en Armagedón. Por tanto, el arrebatamiento pretribulacional describe mejor al rey rescatando, por medio de un arrebatamiento, a sus seguidores fieles que están atrapados en un mundo hostil y que más tarde lo acompañarán cuando regrese para conquistar a sus enemigos y establecer su reino (cp. Ap. 19:11-16).

¿Por qué, en 1 Tesalonicenses 5:6, Pablo escribe a los creyentes que velen por "el día del Señor" si no estuvieran en ese día de acuerdo con el pretribulacionismo?

Pablo exhorta a los creyentes en 1 Tesalonicenses 5:6 a velar y ser sobrios en el contexto del día del Señor, tal como Pedro hace en 2 Pedro 3:14-15, donde la experiencia del día del Señor está claramente al final del milenio, ya que los viejos cielo y tierra serán destruidos y reemplazados con nuevos. En ambos casos se exhorta a presentar vidas piadosas de creyentes verdaderos a la luz del juicio futuro de Dios sobre los incrédulos. Por tanto, estos textos no son relevantes para determinar el tiempo del arrebatamiento.

¿Enseña Mateo 24:37-42, donde las personas son sacadas del mundo, un arrebatamiento postribulacional?

En realidad, Mateo 24:37-42 se refiere al juicio de los no creyentes en la segunda venida de Cristo. Primero, la alusión histórica a Noé (vv. 37-39) muestra que Noé y su familia estaban vivos mientras el mundo entero fue quitado en muerte y juicio. Esta es exactamente la secuencia que debe esperarse en la segunda venida de Cristo como se enseña en la parábola del trigo y la cizaña (Mt. 13:24-43), la parábola de la red (Mt. 13:47-50) y el juicio de las ovejas y las cabras (Mt. 25:31-46). En todos estos casos, en el hecho final en la segunda venida de Cristo, los incrédulos son quitados en juicio y los creyentes justos permanecen. Por tanto, este pasaje no aborda el arrebatamiento.

¿No resulta un arrebatamiento pretribulacional en dos segundas venidas de Cristo mientras que las Escrituras enseñan solo una segunda venida?

De ningún modo. Cualquiera que sea la posición que se tenga del arrebatamiento, la segunda venida de Cristo es un suceso que ocurre en dos partes: Cristo viene en el aire para arrebatar a la Iglesia (1 Ts. 4:13-18) y Cristo viene a la tierra para conquistar, juzgar y establecer su reino (Mt. 24–25).

Cuando Jeremías escribe: "Será un tiempo de angustia para Jacob, pero será librado de ella" (30:7), ¿no es esta la misma clase de lenguaje usado en Apocalipsis 3:10 (guardar de) y no señalaría entonces Apocalipsis 3:10 hacia un arrebatamiento posterior a la tribulación?

La Septuaginta (LXX) traduce el texto hebreo de Jeremías con la frase *sózo apo*. En el caso de Israel, se salvará a través del juicio y emergerá de este como el pueblo de Dios sobre el que Cristo reinará según se lo prometió a David (2 S. 7:8-17) y lo profetizó Ezequiel (37:11-28). Debido a que *sózo apo* significa "protegido en medio de", esto no tiene nada que ver con el significado de un verbo diferente y con la preposición usada en Apocalipsis 3:10 (*teréo ek*). (Véase el estudio anterior sobre Apocalipsis 3:10). Finalmente, no hay paralelo necesario en cuanto al final de Israel y al plan de Dios para la Iglesia.

Si el pretribulacionismo es cierto, ¿por qué no se menciona a la "Iglesia" en el cielo en Apocalipsis 4–19?

Es verdad que la palabra que significa "iglesia" (*ekklesía*) no se usa para la Iglesia en el cielo en Apocalipsis 4–19. Sin embargo, eso no significa que la Iglesia no esté presente. Hay por lo menos dos apariciones distintas de la Iglesia en el cielo. Primera, los veinticuatro ancianos en Apocalipsis 4–5 simbolizan la Iglesia. Segunda, la frase "vosotros, santos, apóstoles y profetas" en Apocalipsis 18:20 claramente se refiere a la Iglesia en el cielo. El escenario del arrebatamiento que mejor explica en estos textos la presencia de la Iglesia en el cielo es un arrebatamiento pretribulacional.

¿Por qué Apocalipsis se dirige a la Iglesia, si esta no experimentará la tribulación de Apocalipsis 6–19 debido a un arrebatamiento pretribulacional?

Con frecuencia, Dios advirtió a Israel en el AT acerca del juicio inminente, aunque la generación que recibió la profecía no lo experimentaría. Como se mencionó en la segunda pregunta de esta sección de "Respuestas a preguntas difíciles", tanto Pablo (1 Ts. 5:6) como Pedro (2 P. 3:14-15) usaron un juicio futuro que las personas a quienes escribieron no experimentarían, con el fin de exhortar al pueblo de Dios a presentar vidas piadosas. El mismo patrón lo siguió Juan en Apocalipsis. La Iglesia fue alertada del juicio futuro de Dios a los pecadores de la tierra como base para que la Iglesia enseñara doctrina pura y viviera en santidad (Apocalipsis 2–3).

Si el día del Señor ocurre al final de la septuagésima semana de Daniel, ¿no enseña la secuencia cronológica de 1 Tesalonicenses 4 y 1 Tesalonicenses 5 un arrebatamiento postribulacional?

Primero, independientemente de si el día del Señor empieza al principio o al final de la septuagésima semana de Daniel, este punto no necesariamente determina el tiempo del arrebatamiento. Segundo, la gramática de 1 Tesalonicenses 5:1 argumenta contra una secuencia cronológica cercana con 1 Tesalonicenses 4 por el uso de *peri de* ("respecto a", que aparece dieciocho veces en el Nuevo Testamento). En todos los casos, a excepción de cuatro, está implícito un cambio evidente en tiempo o tema (véase, por ejemplo Mt. 22:31; 24:36; Mr. 12:26; 13:32). Pablo utiliza ocho veces esta frase preposicional. Todos los demás usos paulinos indican un cambio de tema. Por tanto, se espera que el uso que Pablo hace de *peri de* en 1 Tesalonicenses 5:1 también indique un cambio en el tema y el tiempo de 1 Tesalonicenses 4. Esto es coherente con su uso anterior de *peri de* en esta epístola (cp. 4:9).

En 1 Tesalonicenses 4:13-18, Pablo describió las circunstancias en el tiempo del arrebatamiento de los seres amados fallecidos. Pero en 5:1 y los versículos siguientes, el apóstol cambia al día del Señor y el juicio posterior sobre los incrédulos. Este es un tema totalmente distinto al del arrebatamiento y un suceso que ocurrirá en un tiempo diferente al del arrebatamiento.[1] Si 1 Tesalonicenses 4:13–5:11 se toma como una unidad de pensamiento según lo sugerido por algunos, entonces el uso que Pablo hace de *peri de* no significa nada. Sin embargo, puesto que aquí aparece *peri de*, se interpreta mejor como un cambio importante de pensamiento dentro del amplio tema de escatología; solo un arrebatamiento pretribulacional explicaría esto.

¿Existe alguna relación entre la trompeta del arrebatamiento de 1 Tesalonicenses 4:17/1 Corintios 15:52 y la trompeta de Joel 2:1 o la de Mateo 24:31 o la de Apocalipsis 11:15? Si es así, ¿no contradice esto un arrebatamiento pretribulacional?

Un estudio cuidadoso de los casi cien usos de "trompeta/trompetas" en el Antiguo Testamento instruirá rápidamente al estudiante de las Escrituras a no equiparar aprisa las trompetas en ninguno de los dos textos sin gran cantidad de evidencia contextual que las corrobore. Por ejemplo, está la trompeta usada para advertir (Jer. 6:1); la trompeta utilizada para adorar y alabar (2 Cr. 20:28; Sal. 81:3; 150:3; Is. 27:13); la trompeta usada para la victoria (1 S. 13:3); la trompeta utilizada para recordar (2 S. 2:28; 18:16); la trompeta

1. El arrebatamiento ocurre exactamente antes del inicio de la septuagésima semana de Daniel, mientras que el día del Señor comienza al final de la septuagésima semana de Daniel. Véase Richard L. Mayhue, "The Bible's Watchword: Day of the Lord", *The Master's Seminary Journal* 22:1 (primavera de 2011): 65-88.

usada para júbilo (2 S. 6:15); para anuncios (2 S. 20:1; 1 R. 1:34; 2 R. 9:13) y dispersión (2 S. 20:22), por nombrar algunos usos.

Después de mirar los textos en cuestión, parece que cada trompeta se usa para un propósito distinto que es único y diferente de los otros tres. La trompeta de Joel 2:1 es para alertar que el día del Señor está cerca (cp. Jer. 6:1). La trompeta de 1 Tesalonicenses 4:16/1 Corintios 15:52 anuncia la aproximación del rey (cp. Sal. 47:5) para que el pueblo pudiera salir a saludarlo. La trompeta de Mateo 24:31 es para convocar asamblea (cp. Éx. 19:16; Neh. 4:20; Jl. 2:15). La trompeta de Apocalipsis 11:15 es la séptima en una serie de siete y anuncia victoria (cp. 1 S. 13:3). No hay razón convincente para equiparar la trompeta del arrebatamiento con cualquiera de las otras tres trompetas. Por tanto, estos textos no pueden usarse para determinar el momento del arrebatamiento.

¿No muestra la promesa de liberación para los santos de la Iglesia en 2 Tesalonicenses 1:6-10, el momento en que Jesús regrese con sus ángeles para juzgar al mundo, un arrebatamiento después de la tribulación?

Pablo no escribe aquí un tratado profético detallado ni cronológico y ni siquiera preciso, sino que más bien quiere dar esperanza a los tesalonicenses de que, al final, la justicia de Dios prevalecería. Al igual que los profetas del Antiguo Testamento (cp. Is. 61:1-2; 2 P. 1:10-11), Pablo ha comprimido los detalles para que el intervalo de tiempo no sea aparente, ni tampoco lo sean todos los detalles. El apóstol está asegurando claramente a los tesalonicenses que ciertamente habrá un día de retribución para sus perseguidores. Como resultado, este texto no tiene nada que ver con determinar el momento del arrebatamiento.

¿No enseña Apocalipsis 14:14 un arrebatamiento a mitad de la tribulación?

Aunque el lenguaje ciertamente se refiere a Cristo, el contexto es de juicio, similar a Apocalipsis 19:11-16. Sin embargo, el contexto del arrebatamiento es de bendición para los santos. (Véase las ocho principales diferencias/contrastes entre el arrebatamiento y el último acontecimiento de la segunda venida de Cristo ya analizados). En consecuencia, Apocalipsis 14:14 no se refiere a un arrebatamiento que sucede a mitad de la tribulación.

¿No es una posición de "en medio de la tribulación" realmente una opinión pretribulacional, ya que la "gran tribulación" (Mt. 24:21; Ap. 7:14) no empieza hasta *mediados de la septuagésima semana de Daniel?*

Afirmar que la verdadera tribulación no empieza hasta la mitad de la septuagésima semana de Daniel es hacer una delimitación arbitraria y también contradecir el testimonio de por lo menos los primeros cuatro sellos de Apocalipsis 6:1-8 que describen la tribulación desatada por Cristo desde el cielo. Estos sellos se describen como "principio de dolores" y "tribulación" en Mateo 24:8-9. Aunque la intensidad máxima de la aflicción es en la mitad final de la septuagésima semana de Daniel, todo el período se caracteriza por tribulación. De ahí que la única posición verdadera pretribulacional es la que ubica al arrebatamiento antes de la septuagésima semana de Daniel.

Si la Iglesia participa de la primera resurrección, y si la primera resurrección se describe en Apocalipsis 20:4-5, ¿no apunta esto a una resurrección/arrebatamiento postribulacional?

El uso de la frase "primera resurrección" en Apocalipsis 20:5-6 se refiere específicamente a la resurrección postribulacional de quienes creyeron en Cristo durante la septuagésima semana de Daniel, como lo deja claro el lenguaje de Apocalipsis 20:4. Nada en esta frase limita la "primera resurrección" solo a este grupo de personas o a esta época. La "primera resurrección", que se contrasta con la "segunda muerte" (Ap. 20:6, 14; 21:8, es decir, la resurrección de todos los incrédulos), la forman varias categorías adicionales de personas que fueron resucitadas en varios tiempos, e incluyen: (1) Cristo, las primicias (1 Co. 15:23); (2) los santos en el arrebatamiento (1 Co. 15:23, 50-58) y (3) los santos del AT al final de la septuagésima semana de Daniel (Ez. 37:12-14; Dn. 12:2). Entonces, este texto no señala una resurrección/arrebatamiento postribulacional.

Capítulo cinco

¿Qué acerca de Israel?

Michael Vlach

Un pastor de otra generación estaba predicando sobre el señorío de Cristo cuando en forma elocuente y poderosa soltó con estilo este hermoso resumen.

> La Biblia dice que mi Rey es un monarca en siete maneras. Es el Rey de los judíos; ese es un rey de linaje. Es el Rey de Israel; ese es un rey nacional. Es el Rey de los justos; ese es un rey espiritual. Es el Rey de las edades; ese es un rey eterno. Es el Rey del cielo; ese es un rey celestial. Es el Rey de gloria; ese es un rey imponente. Es el Rey de reyes y Señor de señores; es un rey divino. Ese es mi Rey divino.[1]

El propósito de este capítulo es establecer que Israel es el pueblo y la nación sobre el que el Rey de reyes y Señor de señores gobernará un día.

Pocos temas en la teología cristiana son tan controversiales e importantes como Israel. Es más, Israel es el tema principal que separa

1. S. M. Lockridge, "Seven-Way King", en línea en http://thatsmyking.wordpress.com/words/.

al premilenialismo futurista de sistemas no dispensacionales como amilenialismo, premilenialismo histórico y posmilenialismo. La pregunta clave es: "¿Posee todavía la nación de Israel significado en el plan de Dios o, por el contrario, el significado de la nación fue reemplazado y transcendido por Jesús en tal manera que no hay papel futuro para la nación en el plan de Dios?". El premilenialismo futurista afirma lo primero mientras que los otros puntos de vista afirman lo último.

La evidencia bíblica muestra que el premilenialismo futurista tiene razón en sostener que la nación de Israel sigue siendo importante para los propósitos de Dios. En realidad, no podemos tener una comprensión apropiada de los planes de Dios para las edades a menos que tengamos una perspectiva informada de cómo está usando a Israel para cumplir sus propósitos. Esto incluye comprender la relación entre la nación de Israel y Jesús, el israelita supremo que, como cabeza de Israel, restaura la nación a un lugar futuro de servicio y liderazgo entre las naciones. Aquí es donde el premilenialismo futurista contribuye de manera significativa a la comprensión de la teología y donde otros sistemas teológicos han fracasado por completo. Quienes no sostienen el premilenialismo futurista han llegado a la conclusión errónea de que la identificación de Jesús con Israel significó el fin del papel y el significado nacional de Israel,[2] mientras que los premilenialistas futuristas afirman que la identidad de Jesús como "Israel" es parte de una solidaridad colectiva en la cual el Uno (Jesús) y los muchos (la nación de Israel) se relacionan mutuamente sin que el Uno absorba el significado de los muchos.

Lo esencial de este capítulo es que la Biblia, tanto el Antiguo como el Nuevo Testamento, enseña a menudo y explícitamente la salvación y restauración de la nación de Israel. También estableceremos que Dios creó a Israel como un *medio* para bendecir a todo el mundo.

2. Por ejemplo, Kim Riddlebarger argumenta contra el cumplimiento literal de las promesas físicas del Antiguo Testamento para la nación de Israel, basándose en su comprensión de Cristo como el "verdadero Israel": "Las ramificaciones de esto en la visión milenial de alguien deberían ser ahora evidentes. Los escritores del Nuevo Testamento afirmaron que Jesús era el verdadero Israel de Dios y el cumplimiento de las profecías del Antiguo Testamento. ¿Qué queda entonces del caso de los dispensacionalistas de que estas profecías se cumplirán en un milenio futuro? Tales profecías se desvanecen en Jesucristo, quien las cumplió". Kim Riddlebarger, *A Case for Amillennialism: Understanding the End Times* (Grand Rapids: Baker, 2003), 70.

Robert Martin-Achard declaró: "La elección de Israel... pertenece al reino de los medios, no de los fines".[3] Esto incluye ser el vehículo a través del cual Jesús vendría. Y también implica que Israel tendrá un papel estratégico hacia las naciones a medida que Cristo ejerza su gobierno justo sobre estas naciones. Por tanto, Israel es un medio para llevar bendiciones al mundo, pero no es un fin en sí mismo. No es el propósito de Dios convertir en "Israel" a todos los creyentes.

Una palabra sobre las naciones en la Biblia

Muchos no dispensacionalistas tienen dificultades con la idea de que la nación de Israel podría tener algún papel futuro que desempeñar en los propósitos de Dios. Para ellos, la unidad que todos los creyentes tienen en Cristo debe significar que no puede haber restauración de Israel. Pero, antes de examinar lo que la Biblia tiene que decir acerca de Israel, es importante tener una comprensión correcta de las naciones; porque si fallamos en entender cómo Dios ve las naciones, nos equivocaremos con relación a Israel como nación en el plan de Dios. Nuestra propuesta es esta: no hay nada malo o poco espiritual en el concepto de naciones. Es más, Dios tiene un propósito para las naciones. Y si Él tiene un propósito para las naciones, no debería haber ningún problema en entender que tiene un plan futuro para la nación de Israel. La unidad salvadora que todos los creyentes experimentan en Cristo (véase Ef. 2:11-22) de ninguna manera descarta los tratos futuros de Dios con naciones, incluida Israel, porque la unidad espiritual en Cristo no descarta la diversidad en otros aspectos. Unidad y diversidad pueden existir en armonía perfecta. Vemos esto con otras categorías. Los hombres y las mujeres creyentes son iguales con respecto a Cristo (véase Gá. 3:28), pero aun así hay distinciones en cómo funcionan en la Iglesia (véase 1 Ti. 2:9-15). Asimismo, dentro de una iglesia local todos los cristianos tienen en común las bendiciones de la salvación, pero los ancianos y líderes dentro de la iglesia tienen papeles en que los demás en la congregación

---

3. Robert Martin-Achard, *A Light to the Nations* (Edimburgo: Oliver and Boyd, 1962), 40-41.

no participan (véase He. 13:17). La Trinidad misma evidencia tanto unidad (un Dios) como diversidad (tres personas). Uno de los puntos fuertes del premilenialismo futurista es su comprensión de que Dios pretende glorificarse por medio de la unidad y la diversidad. Ambos pueden existir en armonía, y cuando lo hacen también reflejan unidad y diversidad dentro de la deidad.

Aunque son un desarrollo posterior a la caída, las naciones no son intrínsecamente malas o algo que deba trascender o disminuir en significado con la venida de Cristo. Sí, la Biblia hace mucho énfasis en la salvación individual, pero esto no es mutuamente exclusivo con los planes de Dios para las naciones. Es más, las naciones fueron creadas por Dios. Pablo declaró que Dios "de una sangre ha hecho todo el linaje de los hombres, para que habiten sobre toda la faz de la tierra" (Hch. 17:26a). Isaías 19:24-25 indica que viene un día en que los enemigos tradicionales de Israel (Egipto y Asiria) se unirán a Israel como pueblo de Dios:

> En aquel tiempo Israel será tercero con Egipto y con Asiria para bendición en medio de la tierra; porque Jehová de los ejércitos los bendecirá diciendo: Bendito el pueblo mío Egipto, y el asirio obra de mis manos, e Israel mi heredad.

Observa que, en los últimos días, Egipto se volverá "pueblo mío" y Asiria se volverá "obra de mis manos". Estas naciones se convertirán en el pueblo de Dios junto a Israel que todavía es "heredad" de Dios. Las naciones creyentes no se convertirán en "Israel", pero existirán como pueblo de Dios junto con Israel para la gloria de Dios. Entonces, no solo que Dios tiene un futuro para Israel, también tiene un plan para otras naciones, que incluyen a los enemigos tradicionales de Israel como Egipto y Asiria. En Zacarías 2:11, Dios declaró que "se unirán muchas naciones a Jehová en aquel día, y me serán por pueblo". Zacarías 14 indica que en un día en que "Jehová será rey sobre toda la tierra" (v. 9), "naciones" (incluida Egipto) "subirán de año en año para adorar al Rey" (v. 16).

Sin embargo, ¿quedan sobrepasados los planes de Dios para las naciones por la venida de Jesús y la era del Nuevo Testamento? No hay evidencia de que eso ocurra. Reiteradamente, los planes de Dios para la nación de Israel son afirmados (véase Mt. 19:28; Lc. 1:32-33; Hch. 1:6; Ro. 11:26-27). Apocalipsis 21:24-26 incluso afirma la presencia de naciones en el estado eterno:

> Las naciones… andarán a la luz de [la Nueva Jerusalén]; y los reyes de la tierra traerán su gloria y honor a ella. Sus puertas nunca serán cerradas de día, pues allí no habrá noche. Y llevarán la gloria y la honra de las naciones a ella.

Estas "naciones" (plural) andarán a la luz de la Nueva Jerusalén y "los reyes de la tierra traerán" a la gran ciudad las contribuciones culturales de sus tierras. Todas estas naciones estarán unidas en que se salvan de la misma manera: solo a través de la fe en Cristo. Pero esta unidad espiritual no borra todas las distinciones étnicas y geográficas. La evidencia bíblica para las naciones en los planes futuros de Dios es tan significativa, que incluso el teólogo amilenialista Anthony Hoekema reconoció la existencia de naciones. Con relación a Apocalipsis 21:24, 26, Hoekema preguntó: "¿Es decir demasiado, según estos versículos, que las peculiares contribuciones de *cada nación* a la vida de la tierra presente enriquecerán la vida de la nueva tierra?".[4] Estas contribuciones incluyen "los mejores productos de la cultura y del arte que esta tierra ha producido".[5]

Este criterio de que varias naciones tienen un papel en los propósitos futuros de Dios lleva a una implicación teológica importante: *Si reconocemos que hay naciones en el futuro con específicos papeles e identidades, ¿por qué no habría un papel especial y una identidad para la nación de Israel?* En respuesta a la declaración de Hoekema con relación a la presencia de naciones y culturas en la nueva tierra, Barry Horner señala acertadamente que "la mención de contribuciones distintivas nacionales… ¡seguramente tendrían que incluir los beneficios culturales de Israel!"[6] El argumento de Horner es bien recibido. Si

4. Anthony A. Hoekema, *The Bible and the Future* (Grand Rapids: Eerdmans, 1979), 286, cursivas añadidas.
5. *Ibíd.*
6. Barry E. Horner, *Future Israel: Why Christian Anti-Judaism Must Be Challenged* (Nashville: B&H Academic, 2007), 217.

hay naciones en la nueva tierra, ¿por qué Israel no sería una que contribuiría al nuevo orden? Además, la presencia de naciones plurales en el estado eterno indica que no es el propósito de Dios hacer que todas sean Israel, como a menudo afirman los no dispensacionalistas. No hay indicios de que a todas las naciones en Apocalipsis 21 y 22 se les identifique como "Israel". El papel de Israel es llevar bendiciones a las naciones, no hacer Israel a todo el mundo. En resumen, al enfocar el tema de Israel debemos hacer a un lado todas las nociones o suposiciones antibíblicas de que las naciones no son espirituales o que son algo que deba trascenderse. Ambos Testamentos afirman un futuro para las naciones.

La nación de Israel como un medio de bendiciones mundiales

Una comprensión apropiada de Israel y de los propósitos de Dios para esta nación debe estar arraigada en una interpretación correcta de Génesis 12:1-3, porque es aquí donde encontramos el propósito para Abraham e Israel:

> Jehová había dicho a Abram: Vete de tu tierra y de tu parentela, y de la casa de tu padre, a la tierra que te mostraré. Y haré de ti una nación grande, y te bendeciré, y engrandeceré tu nombre, y serás bendición. Bendeciré a los que te bendijeren, y a los que te maldijeren maldeciré; y serán benditas en ti todas las familias de la tierra.

Este pasaje presenta el pacto abrahámico. Aquí Dios promete a Abraham bendiciones personales que incluyen un gran nombre. Dios también le dice a Abraham: "Haré de ti una nación grande". A medida que el libro de Génesis se desarrolla, se hace evidente que esta "nación grande" es Israel, los descendientes de Abraham a través de Isaac y Jacob. Significativamente, el *propósito* de Abraham y la gran nación que vendría de él se encuentra en el versículo 3b: "Serán benditas en ti todas las familias de la tierra". Dumbrell señala que la gramática hebrea aquí indica la finalidad prevista de Abraham y la gran nación:

> Lo más probable es que la oración deba tomarse como un resultante que indique cuál será la consumación de las promesas que los versículos anteriores han anunciado. Es decir, las promesas personales hechas a Abram tienen como objetivo bendecir definitivamente al mundo.[7]

Por tanto, Génesis 12:2-3 indica que el propósito de Abraham y la gran nación que salió de él (Israel) es una bendición mundial. Así señala Christopher Wright: "Entonces, más allá de toda duda, hubo un propósito universal en la elección que Dios hizo de Abraham y, por tanto, también una dimensión universal de la existencia misma de Israel. Israel como pueblo fue llamado a existir debido a la misión divina de bendecir a las naciones y restaurar la creación de Dios".[8]

Las implicaciones de este pasaje para el concepto de pueblo de Dios son significativas. En primer lugar, desde el mismo principio, el pacto abrahámico estuvo destinado tanto a Israel como a los gentiles; y no solo es para Israel, aunque el pacto sería mediado a través de esta nación. Más tarde, cuando vemos el pacto abrahámico relacionado con los gentiles creyentes (véase Gá. 3:7-9, 29), esto no debería sorprendernos o hacernos concluir que los gentiles ahora son parte de Israel. Tampoco debemos concluir que las promesas del pacto abrahámico se han transferido ahora de Israel a la Iglesia. El propósito de Dios con el pacto abrahámico no es hacer a los gentiles parte de Israel, como a menudo creen los no dispensacionalistas. Al contrario, el propósito de Abraham e Israel es llevar bendiciones a los gentiles como gentiles. Segundo, Dios no pretende que Israel sea un fin en sí mismo. Israel no es un fin sino un medio, un medio para bendecir al mundo. Esta promesa de que la simiente de Abraham sería el vehículo para llevar

---

7. William J. Dumbrell, *Covenant and Creation: A Theology of the Old Testament Covenants* (Nashville: Thomas Nelson, 1984), 65.

8. Christopher J. H. Wright, *The Mission of God: Unlocking the Bible's Grand Narrative* (Downers Grove, IL: IVP, 2018), 251.

bendiciones a los gentiles se declara nuevamente en forma explícita en otros tres pasajes de Génesis:

> En tu simiente serán benditas todas las naciones de la tierra, por cuanto obedeciste a mi voz (22:18).
>
> Multiplicaré tu descendencia como las estrellas del cielo, y daré a tu descendencia todas estas tierras; y todas las naciones de la tierra serán benditas en tu simiente (26:4).
>
> Será tu descendencia como el polvo de la tierra, y te extenderás al occidente, al oriente, al norte y al sur; y todas las familias de la tierra serán benditas en ti y en tu simiente (28:14).

El propósito de Israel como instrumento para bendecir a las naciones también se ve en Éxodo 19:6, donde Dios declara: "Vosotros me seréis un reino de sacerdotes, y gente santa". Israel debía ser un testimonio brillante de Dios para las demás naciones. Deuteronomio 26:19 declara: "Nuestro Dios hará de ustedes [Israel] el país más famoso y poderoso de toda la tierra" (TLA). Salmos 67 dice: "Dios tenga misericordia de nosotros [Israel], y nos bendiga... Para que sea conocido en la tierra tu camino, en todas las naciones tu salvación... témanlo todos los términos de la tierra" (Sal. 67:1, 2, 7). Estos pasajes deberían llevarnos a concluir, como Tuvya Zaretsky ha notado, que "el propósito de Dios para Israel según se revela en la Biblia es que la nación fuera un vehículo que irradiara la luz de la revelación divina a las naciones y el sistema que llevara a las personas al Dios Salvador, el Mesías".[9]

La restauración de Israel en el Antiguo Testamento

Deuteronomio 30:1-6 es un pasaje estratégico con respecto a los planes de Dios para Israel:

---

9. Tuvya Zaretsky, "Israel the People", en *Israel: The Land and the People: An Evangelical Affirmation of God's Promises*, ed. H. Wayne House (Grand Rapids: Kregel, 1998), 49.

> Sucederá que cuando hubieren venido sobre ti todas estas cosas, la bendición y la maldición que he puesto delante de ti, y te arrepintieres [mientras lo estés] en medio de todas las naciones adonde te hubiere arrojado Jehová tu Dios, y te convirtieres a Jehová tu Dios, y obedecieres a su voz conforme a todo lo que yo te mando hoy, tú y tus hijos, con todo tu corazón y con toda tu alma, entonces Jehová hará volver a tus cautivos, y tendrá misericordia de ti, y volverá a recogerte de entre todos los pueblos adonde te hubiere esparcido Jehová tu Dios. Aun cuando tus desterrados estuvieren en las partes más lejanas que hay debajo del cielo, de allí te recogerá Jehová tu Dios, y de allá te tomará; y te hará volver Jehová tu Dios a la tierra que heredaron tus padres, y será tuya; y te hará bien, y te multiplicará más que a tus padres. Y circuncidará Jehová tu Dios tu corazón, y el corazón de tu descendencia, para que ames a Jehová tu Dios con todo tu corazón y con toda tu alma, a fin de que vivas.

Esta sección detalla una profecía del "panorama general" sobre el futuro de Israel. Dios había liberado dramáticamente a Israel de Egipto, y también le había dado la ley mosaica. En Deuteronomio 28–29, Dios describió las bendiciones que vendrían sobre Israel si la nación le obedecía. Igualmente discutió las maldiciones que resultarían debido a la desobediencia. Dios describió entonces lo que el futuro lejano depararía para Israel. Después que los israelitas experimentaran bendiciones y maldiciones, Dios los desterraría a todas las naciones a causa de la desobediencia. Pero llegaría un tiempo en que Israel se volvería a Dios y Él restauraría la nación. Esto incluye una *salvación espiritual* ("circuncidará Jehová tu Dios tu corazón") y una *restauración física* ("te hará volver Jehová tu Dios a la tierra que heredaron tus padres"). En resumen, Dios prometió a Israel que, después de un período de destierro, la nación sería salva y restaurada a su tierra prometida. Este pasaje debería mantenernos lejos de cualquier teología que afirme que Dios ha reemplazado o sustituido a la nación de Israel debido a la desobediencia del pueblo. Tanto la rebelión como la restauración de Israel se han profetizado, y ambos aspectos se cumplirán. Otros pasajes reafirman la expectativa de Deuteronomio 30:1-6. Ezequiel 36:22-30 predice que, después de un tiempo de dispersión, Israel experimentará salvación y una restauración a su tierra:

> Di a la casa de Israel: Así ha dicho Jehová el Señor: No lo hago por vosotros, oh casa de Israel, sino por causa de mi santo nombre, el cual profanasteis vosotros entre las naciones adonde habéis llegado. Y santificaré mi grande nombre, profanado entre las naciones, el cual profanasteis vosotros en medio de ellas; y sabrán las naciones que yo soy Jehová, dice Jehová el Señor, cuando sea santificado en vosotros delante de sus ojos. Y yo os tomaré de las naciones, y os recogeré de todas las tierras, y os traeré a vuestro país. Esparciré sobre vosotros agua limpia, y seréis limpiados de todas vuestras inmundicias; y de todos vuestros ídolos os limpiaré. Os daré corazón nuevo, y pondré espíritu nuevo dentro de vosotros; y quitaré de vuestra carne el corazón de piedra, y os daré un corazón de carne. Y pondré dentro de vosotros mi Espíritu, y haré que andéis en mis estatutos, y guardéis mis preceptos, y los pongáis por obra. Habitaréis en la tierra que di a vuestros padres, y vosotros me seréis por pueblo, y yo seré a vosotros por Dios. Y os guardaré de todas vuestras inmundicias; y llamaré al trigo, y lo multiplicaré, y no os daré hambre. Multiplicaré asimismo el fruto de los árboles, y el fruto de los campos, para que nunca más recibáis oprobio de hambre entre las naciones.

Jeremías 30:1-3 también habla de una restauración de Israel a la tierra:

> Palabra de Jehová que vino a Jeremías, diciendo: Así habló Jehová Dios de Israel, diciendo: Escríbete en un libro todas las palabras que te he hablado. Porque he aquí que vienen días, dice Jehová, en que haré volver a los cautivos de mi pueblo Israel y Judá, ha dicho Jehová, y los traeré a la tierra que di a sus padres, y la disfrutarán.

Joel 3:20 indica que como resultado del día del Señor (3:18) "Judá será habitada para siempre, y Jerusalén por generación y generación". En Sofonías 3:20, Dios promete "restaurar" otra vez el "renombre" de Israel. Al examinar estos y otros textos de restauración en la Biblia emergen ciertas verdades: (1) la restauración de Israel implica tanto salvación espiritual como bendiciones físicas que incluyen posesión de la tierra prometida; (2) la promesa de restauración no se basa en la grandeza de Israel, sino en la decisión y el carácter de Dios, y (3) la promesa de restauración se lleva a cabo después del período de desobediencia de Israel. Como indican los pasajes anteriores y muchos otros, la restauración de Israel es un tema importante en el Antiguo Testamento. Es una doctrina explícita.

Jesús el siervo y la nación de Israel

Otro pasaje importante para una comprensión adecuada de Israel es Isaías 49:3-6. Este segmento analiza la relación entre el Siervo de Israel (Jesús) y la nación de Israel:

> [El Señor] me dijo: Mi siervo eres, oh Israel, porque en ti me gloriaré. Pero yo dije: Por demás he trabajado, en vano y sin provecho he consumido mis fuerzas; pero mi causa está delante de Jehová, y mi recompensa con mi Dios. Ahora pues, dice Jehová, el que me formó desde el vientre para ser su siervo, para hacer volver a él a Jacob y para congregarle a Israel (porque estimado seré en los ojos de Jehová, y el Dios mío será mi fuerza); dice: Poco es para mí que tú seas mi siervo para levantar las tribus de Jacob, y para que restaures el remanente de Israel; también te di por luz de las naciones, para que seas mi salvación hasta lo postrero de la tierra.

Según el versículo 3, el Señor le habla a "mi siervo... Israel". El amilenialista Robert Strimple tiene razón cuando expresa que Cristo "es el Siervo sufriente del Señor".[10] El versículo 5 declara luego uno de

10. Robert B. Strimple, "Amillennialism", *Three Views on the Millennium and Beyond*, ed. Darrell L. Bock (Grand Rapids: Zondervan, 1999), 87.

los propósitos de este "siervo". El Siervo está allí "para hacer volver a él a Jacob y para congregarle a Israel". El versículo 6 también asegura que el papel del siervo es "levantar las tribus de Jacob, y [restaurar] el remanente de Israel". Dios además dio al Siervo "por luz de las naciones". *Lo significativo aquí es que el Siervo está claramente vinculado con Israel (v. 3), pero también es distinto en alguna manera, ya que es aquel que "restaurará" a Israel.* La nación de Israel no puede restaurarse sola, porque es pecadora. Pero el Siervo (quien es Jesucristo, el verdadero Israel) puede restaurar la nación y traer bendiciones para las demás naciones. Por eso este pasaje enseña que Jesús, el verdadero Israel, restaurará a la nación de Israel y llevará luz a las naciones. También devolverá a Israel a su tierra (Is. 49:8).

Entonces, la presencia de Jesús no significa que el pueblo de Israel pierda su significado. El objetivo de Jesús no es absorberlo todo. Por el contrario, *debido a* Jesucristo los israelitas son salvados, devueltos a su tierra y convertidos en lo que se suponía que fueran. Con relación a Israel, Robert Saucy señala acertadamente el concepto de "identidad colectiva" en que la cabeza ministra al cuerpo para que este pueda cumplir su misión.[11] Esto significa que Israel puede cumplir, debido al Siervo Jesucristo, la misión que se le encomendó hacia las naciones. Por tanto, Isaías 49:3-6 contradice explícitamente el argumento de los no dispensacionalistas de que Cristo como el verdadero Israel significa el final de la importancia nacional de Israel. No solo que Cristo como el verdadero Israel no significa la conclusión de la nación de Israel en el plan de Dios, sino que la presencia de Cristo significa la restauración de la nación de Israel.

La restauración de Israel en el Nuevo Testamento

El Nuevo Testamento habla de la venida de Jesús, el Siervo y Aquel que representa todo lo que Israel estaba destinado a ser. La relación entre Jesús e Israel se ve claramente en Mateo 2:15, donde el llamado

11. Robert L. Saucy, "Israel and the Church: A Case for Discontinuity", en *Continuity and Discontinuity: Perspectives on the Relationship between the Old and New Testaments*, ed. John S. Feinberg (Wheaton, IL: Crossway, 1988), 242.

de Jesús y la salida de Egipto se relacionan con la histórica emigración israelita de Egipto (cp. Os. 11:1): "De Egipto llamé a mi hijo". La relación de Jesús con Israel es de una solidaridad o personalidad colectiva en la que existe relación entre la Cabeza (Jesús) y los muchos (el pueblo de Israel). Jesús es de manera singular el representante de Israel, pero también es Aquel que representa y restaura al pueblo de Israel.

Los Evangelios y Hechos

Cuando el ángel Gabriel se apareció a María le indicó que el niño que le nacería iba a reinar un día sobre Israel: "Este será grande, y será llamado Hijo del Altísimo; y el Señor Dios le dará el trono de David su padre" (Lc. 1:32). Las palabras de Jesús en Mateo 19:28 y Lucas 22:29-30 muestran que Él esperaba una restauración del Israel nacional:

> Jesús les dijo: De cierto os digo que en la regeneración, cuando el Hijo del Hombre se siente en el trono de su gloria, vosotros que me habéis seguido también os sentaréis sobre doce tronos, para juzgar a las doce tribus de Israel (Mt. 19:28).
>
> Yo, pues, os asigno un reino, como mi Padre me lo asignó a mí, para que comáis y bebáis a mi mesa en mi reino, y os sentéis en tronos juzgando a las doce tribus de Israel (Lc. 22:29-30).

En estos pasajes, Jesús habla de lo que sucederá en el futuro. El día en que la tierra experimente "regeneración" y el "reino" se establezca, los apóstoles se sentarán en doce "tronos, para juzgar a las doce tribus de Israel". Este es un testimonio explícito y poderoso de la restauración de Israel, la cual está vinculada con la segunda venida, la renovación del planeta y la venida del reino de Dios.

Mateo 23:37-39 y Lucas 13:34-35 también son evidencia de que Jesús esperaba una restauración futura de Israel. Mateo 23:37-39 registra las palabras de Jesús a los habitantes de Jerusalén:

> ¡Jerusalén, Jerusalén, que matas a los profetas, y apedreas a los que te son enviados! ¡Cuántas veces quise juntar a tus hijos, como la gallina junta sus polluelos debajo de las alas, y no quisiste! He aquí vuestra casa os es dejada desierta. Porque os digo que desde ahora no me veréis, hasta que digáis: Bendito el que viene en el nombre del Señor.

El texto en Lucas 13:34-35 es similar:

> ¡Jerusalén, Jerusalén, que matas a los profetas, y apedreas a los que te son enviados! ¡Cuántas veces quise juntar a tus hijos, como la gallina a sus polluelos debajo de sus alas, y no quisiste! He aquí, vuestra casa os es dejada desierta; y os digo que no me veréis, hasta que llegue el tiempo en que digáis: Bendito el que viene en nombre del Señor.

En estos dos textos paralelos, Jesús anunció la desolación que vendría sobre Jerusalén y su templo debido a que los habitantes de la ciudad lo rechazaron. Jesús también anunció que estaría oculto del pueblo de Jerusalén hasta cuando dijeran: "Bendito el que viene en nombre del Señor". Es clara la predicción de que los judíos clamarán un día que Jesús es "bendito", pero ¿cuál es el contexto de su clamor? ¿Es esta la exclamación de judíos desobedientes enfrentando juicio escatológico, o el lamento de un Israel arrepentido en el momento de su restauración? La última perspectiva es correcta. Craig L. Blomberg observa que las palabras de Jesús en Mateo 23:39 indican "fe auténtica" de parte de Israel.[12] Esta declaración de bienaventuranza sobre Jesús vendrá de una nación arrepentida en el momento de su restauración. De modo que Robert Gundry tiene razón en que Mateo 23:37-39 se refiere a la "restauración de Israel en el reino del Hijo del hombre".[13] En referencia a Lucas 13:35, Robert C. Tannehill también declara con razón: "Este lamento por Jerusalén

12. Craig L. Blomberg, "Matthew", en *Commentary on the New Testament Use of the Old Testament*, eds. G. K. Beale y D. A. Carson (Grand Rapids: Baker, 2007), 85.
13. Robert H. Gundry, *Matthew: A Commentary on His Literary and Theological Arts* (Grand Rapids: Eerdmans, 1982), 394.

incluye una esperanza continua de que una Jerusalén restaurada encontrará esta salvación".[14]

Otro pasaje que apoya la idea de una restauración del Israel nacional es Hechos 1:6-7, donde los apóstoles le hicieron a Jesús una pregunta importante:

> Los que se habían reunido le preguntaron, diciendo: Señor, ¿restaurarás el reino a Israel en este tiempo? Y les dijo: No os toca a vosotros saber los tiempos o las sazones, que el Padre puso en su sola potestad.

Después de la resurrección de Jesús, el día en que ascendió a los cielos, los apóstoles esperaban una restauración de la nación de Israel. La respuesta de Jesús no incluye ninguna reprensión o corrección por esta creencia, afirmándoles así el entendimiento que tenían. Esta creencia no era equivocada por dos razones. Primera, Hechos 1:3 declara que Jesús se reunió con los discípulos durante "cuarenta días" después de su resurrección "hablándoles acerca del reino de Dios". Parece improbable que los discípulos pudieran estar totalmente equivocados en sus percepciones del reino después de haber recibido durante cuarenta días instrucción sobre el reino de parte del Señor resucitado. Si Jesús hubiera enseñado algún reino espiritual o la redefinición del reino que no implicara al Israel nacional, ¿cómo podría la pregunta que hicieron estar tan fuera de lugar? Segunda, la falta de corrección de parte de Jesús en Hechos 1:7 es la verificación de que los discípulos tenían razón en sus creencias acerca de la restauración de Israel por la sencillo hecho de que Jesús no los reprende o corrige por la idea que tienen. Si los discípulos hubieran estado equivocados en cuanto a una restauración futura del reino a Israel, es probable que Jesús les hubiera corregido su idea errónea como hizo en otras ocasiones. Pero el Señor no los corrige en absoluto, sino que declara que los discípulos no debían saber el *momento* de la restauración del reino a Israel. Por eso, J. Bradley Chance tiene razón en que "la respuesta de Jesús les cuestiona la esperanza de una

14. Robert C. Tannehill, *Luke,* ANTC (Nashville: Abingdon, 1996), 226-27.

restauración inmediata de Israel. No les cuestiona la esperanza de tal restauración en sí".[15]

Romanos 9–11

Romanos 9–11 brinda evidencia más explícita de un futuro para la nación de Israel. En 9:3b-4, Pablo se refiere a "mis parientes según la carne; que son israelitas, de los cuales son la adopción, la gloria, el pacto, la promulgación de la ley, el culto y las promesas". Cuando el apóstol escribe su carta a los Romanos, la era de la Iglesia empezaba y el rechazo de Israel a Cristo estaba bien establecido. Pero Pablo dice que hay ciertas cosas que aún "pertenecen" a sus compañeros israelitas. Usando el tiempo presente, Pablo incluye "la adopción, la gloria, el pacto, la promulgación de la ley, el culto [en el templo] y las promesas". Estos aspectos aún pertenecen a Israel. Las palabras de Pablo no son una declaración de que los judíos incrédulos fueran salvos o que actualmente tuvieran una relación correcta con Dios, pero sí indican que el compromiso de Dios con la nación no ha terminado. Así que, a pesar del actual estado judío de incredulidad, Dios no ha acabado con Israel. No ha revocado sus pactos y promesas con su pueblo. Estas cosas aún pertenecen a Israel.

Romanos 11:1 declara: "Digo, pues: ¿Ha desechado Dios a su pueblo? En ninguna manera". En caso de que hubiera alguna duda, Pablo expresa enfáticamente que Israel todavía era "el pueblo de Dios". El apóstol hace entonces una declaración estratégica en Romanos 11:11-12:

> Digo, pues: ¿Han tropezado los de Israel para que cayesen? En ninguna manera; pero por su transgresión vino la salvación a los gentiles, para provocarles a celos. Y si su transgresión es la riqueza del mundo, y su defección la riqueza de los gentiles, ¿cuánto más su plena restauración?

El tropiezo de Israel es temporal, no permanente. Además, el tropiezo temporal de Israel tiene un propósito: provocar los celos de Israel al

15. J. Bradley Chance, *Jerusalem, the Temple, and the New Age in Luke-Acts* (Macon, GA: Mercer University Press, 1988), 133.

dar salvación a los gentiles. Cuando se lleve a cabo el "cumplimiento" de Israel (salvación y restauración), se otorgarán al mundo bendiciones aún mayores. Esto muestra que los planes de Dios tanto para Israel como para los gentiles no se han cumplido totalmente en nuestra era actual. Grandes bendiciones han llegado en la actualidad a los gentiles como resultado de la caída temporal de Israel, pero cuando Israel se salve, las bendiciones para los gentiles se magnificarán aún más. En otras palabras, si crees que las bendiciones para los gentiles son grandes ahora, ¡espera tan solo hasta que venga el "cumplimiento" de Israel! Luego Pablo predice explícitamente esta salvación y restauración de Israel en Romanos 11:25-27:

> No quiero, hermanos, que ignoréis este misterio, para que no seáis arrogantes en cuanto a vosotros mismos: que ha acontecido a Israel endurecimiento en parte, hasta que haya entrado la plenitud de los gentiles; y luego todo Israel será salvo, como está escrito: vendrá de Sion el Libertador, que apartará de Jacob la impiedad. Y este será mi pacto con ellos, cuando yo quite sus pecados.

La salvación de Israel no solo se declara explícitamente —"todo Israel será salvo"—, sino que se vincula con las promesas del Antiguo Testamento, lo cual muestra que las promesas de Dios se cumplirán literalmente. Pablo también menciona que la salvación de Israel se vincula con los propósitos soberanos y escogidos por Dios: "En cuanto a la elección [de Dios], [los israelitas] son amados por causa de los padres" (11:28). Dios tiene un futuro para su pueblo del pacto, Israel, porque Él es fiel a las promesas que hizo a los patriarcas judíos, y sus propósitos escogidos son verdaderos.

En resumen, Romanos 9–11 es un testimonio poderoso para el futuro de la nación de Israel y una fuerte refutación de cualquier "teología del reemplazo" en la cual se considera que la Iglesia reemplaza o sustituye a Israel. El erudito C. E. B. Cranfield declara que estos capítulos son una fuerte refutación a cualquier idea de que la Iglesia ha reemplazado a Israel en los planes de Dios:

> Es solo cuando la Iglesia persiste en negarse a aprender este mensaje, que secretamente —tal vez de manera inconsciente— cree que su propia existencia se basa en logros humanos y, por tanto, deja de entender la misericordia de Dios para ella misma, que es incapaz de creer en la misericordia de Dios para la nación aún incrédula de Israel, y por eso conserva la fea y antibíblica noción de que Dios ha desechado a su pueblo Israel y que simplemente lo reemplazó por la Iglesia Cristiana. Estos tres capítulos [Ro. 9–11] nos prohíben enfáticamente que hablemos de la Iglesia como si hubiera tomado de una vez y para siempre el lugar del pueblo judío.[16]

Apocalipsis

Cuando llegamos al último libro de la Biblia, Apocalipsis (*ca.* 95 d.C.), se clarifica que Israel todavía es importante para los propósitos de Dios. Apocalipsis 7:4-8 predice específicamente el sellado de las doce tribus de Israel durante el tiempo de tribulación sobre el mundo:

> Oí el número de los sellados: ciento cuarenta y cuatro mil sellados de todas las tribus de los hijos de Israel. De la tribu de Judá, doce mil sellados. De la tribu de Rubén, doce mil sellados. De la tribu de Gad, doce mil sellados. De la tribu de Aser, doce mil sellados. De la tribu de Neftalí, doce mil sellados. De la tribu de Manasés, doce mil sellados. De la tribu de Simeón, doce mil sellados. De la tribu de Leví, doce mil sellados. De la tribu de Isacar, doce mil sellados. De la tribu de Zabulón, doce mil sellados. De la tribu de José, doce mil sellados. De la tribu de Benjamín, doce mil sellados.

La mención específica de cada una de las doce tribus de Israel, que tienen el papel de testigos en los días difíciles del período venidero de tribulación, destaca la importancia continua de las tribus de Israel en el plan de Dios. Esta no es una referencia a los gentiles o a la "iglesia

16. C. E. B. Cranfield, *A Critical and Exegetical Commentary on the Epistle to the Romans*, ICC (Edimburgo: T. & T. Clark, 1975-79), 2:448.

militante" como algunos afirman.[17] Inmediatamente a continuación de esto, Apocalipsis 7:9 declara: "Después de esto miré, y he aquí una gran multitud, la cual nadie podía contar, de todas naciones y tribus y pueblos y lenguas, que estaban delante del trono y en la presencia del Cordero". Por tanto, Juan distingue a judíos (Ap. 7:4-8) de gentiles (Ap. 7:9). El grupo de 7:4-8 consta de judíos étnicos, mientras el grupo de 7:9 es una multitud de todas las naciones. Además, el grupo de 7:4-8 es una cantidad específica y relativamente pequeña: un conjunto de 144.000, mientras que el grupo de 7:9 es "una gran multitud, la cual nadie podía contar". Estos no son los mismos grupos de personas.

Apocalipsis 21:10-14 también enfatiza la relevancia continua de las tribus de Israel en el plan de Dios:

> Me llevó en el Espíritu a un monte grande y alto, y me mostró la gran ciudad santa de Jerusalén, que descendía del cielo, de Dios, teniendo la gloria de Dios. Y su fulgor era semejante al de una piedra preciosísima, como piedra de jaspe, diáfana como el cristal. Tenía un muro grande y alto con doce puertas; y en las puertas, doce ángeles, y nombres inscritos, que son los de las doce tribus de los hijos de Israel; al oriente tres puertas; al norte tres puertas; al sur tres puertas; al occidente tres puertas. Y el muro de la ciudad tenía doce cimientos, y sobre ellos los doce nombres de los doce apóstoles del Cordero.

Este pasaje es significativo debido a su referencia a "las doce tribus de los hijos de Israel" (v. 12) en el estado eterno. Robert L. Thomas señala que los nombres de Israel sirven de "aviso explícito del papel distintivo del Israel nacional en esta ciudad eterna en cumplimiento de su papel distintivo en la historia a lo largo de los siglos de su existencia (cp. 7:1-8)".[18] Las doce tribus de Israel se distinguen de "los

17. Véase G. K. Beale y Sean M. McDonough, "Revelation", en *Commentary on the New Testament Use of the Old Testament*, eds. G. K. Beale y D. A. Carson (Grand Rapids: Baker, 2007), 1107.

18. Robert L. Thomas, *Revelation 8–22: An Exegetical Commentary* (Chicago: Moody, 1995), 463.

doce apóstoles del Cordero" del versículo 14. Esto muestra que la identidad distintiva de Israel se mantiene incluso en el estado eterno. Este pasaje también descarta cualquier idea de que las doce tribus de Israel eran solo un prototipo temporal que ha sido sustituido por los doce apóstoles. Las doce tribus de Israel, que son la base del Israel nacional, se consideran distintas de los doce apóstoles.

Conclusión

Como ha demostrado este estudio, la salvación y restauración de la nación de Israel es una doctrina bíblica explícita. La encontramos desde Génesis hasta Apocalipsis. El futuro de Israel se vincula con Jesucristo, el supremo israelita, quien restaura la nación y trae bendiciones a las naciones de la tierra. Ojalá nuestra respuesta a la idea antibíblica de que la nación de Israel ya no tiene un lugar en los planes de Dios sea la del apóstol Pablo, quien declaró: "¿Ha desechado Dios a su pueblo? En ninguna manera" (Ro. 11:1).

Capítulo seis

¿Qué acerca de Apocalipsis 20?

Matthew Waymeyer

Hace varios años unos amigos míos alquilaron una película de aventuras para verla con sus dos hijas. Durante una escena intensa al principio de la película, las niñas se asustaron y ya no estaban seguras de querer terminar de verla. Por tanto, sus padres hicieron algo creativo: rápidamente avanzaron la película hasta el final y les mostraron a sus hijas que los personajes principales estaban vivos y en buena condición en la última escena. Entonces reiniciaron la película y reanudaron donde esta había quedado. Ahora las niñas pudieron superar las partes aterradoras porque conocían con certeza cómo sería el resultado final.

Eso es precisamente lo que Dios hace en el libro de Apocalipsis. A fin de fortalecer y alentar a la iglesia perseguida, revela una serie de visiones en las cuales Él se adelanta rápidamente hasta el final de los tiempos y muestra a su pueblo que, cuando todo se ha dicho y hecho, el Señor Jesucristo resulta victorioso sobre toda la maldad. Saber esto, al conocer el final desde el principio, es parte de lo que le permite a la Iglesia mantenerse firme y perseverar en los tiempos de sufrimiento. Al final, ¡Jesús gana!

En una de estas visiones —que encontramos en Apocalipsis 20:1-6— el Señor muestra al apóstol Juan lo que comúnmente se conoce como el reinado milenial de Cristo.[1] En este pasaje monumental, Juan describe un período de mil años en el que Satanás será atado en el abismo (vv. 1-3) y el Señor Jesucristo reinará sobre la tierra (vv. 4-6). Esta visión se ha vuelto central en el debate entre las diferentes posiciones milenarias, siendo etiquetado por uno de los amilenialistas principales como el pasaje bíblico más importante sobre el tema del milenio.[2]

Una diferencia fundamental en el debate tiene que ver con el calendario de mil años del reinado de Cristo. Según el premilenialismo futurista, las visiones en Apocalipsis 19–22 ocurrirán en el mismo orden en que están escritas, y de ahí que el reino milenial de Apocalipsis 20 es aún futuro. Después del período de siete años de tribulación (Ap. 6–19), Jesús regresará en gloria (19:11-16) y enjuiciará al falso profeta, a la bestia y al ejército de incrédulos de la tierra (19:17-21). Satanás será encarcelado en el abismo durante mil años (20:1-3) y Jesús establecerá su reino en la tierra donde reinará con los santos en perfecta justicia (20:4-6). Al final de los mil años, Satanás será liberado y derrotado de una vez por todas (20:7-10); los malvados resucitarán, serán juzgados y arrojados al lago de fuego (20:11-15); entonces comenzará el estado eterno de cielo nuevo y tierra nueva (Ap. 21–22). Esta es la visión premilenial futurista de Apocalipsis 20.

En contraste, el amilenialismo y posmilenialismo sostienen que el reinado de mil años de Cristo se lleva a cabo durante la era actual, extendiéndose desde el tiempo de la primera venida hasta el de la segunda venida. Más específicamente creen que, aunque el regreso de Cristo se describe al final del capítulo 19, Apocalipsis 20:1 lleva de

1. Jack S. Deere, "Premillennialism in Revelation 20:4-6", *Bibliotheca Sacra* 135 (enero a marzo de 1978): las páginas 58-73 establecen un excelente resumen exegético de este texto.

2. Kim Riddlebarger, *A Case for Amillennialism: Understanding the End Times* (Grand Rapids: Baker, 2003), 195.

vuelta al lector al inicio de la era actual, de tal manera que el reino milenial es una realidad presente. En términos de tiempo, entonces la diferencia clave es que el amilenialismo y posmilenialismo afirman que los mil años de Apocalipsis 20 es algo *presente*, mientras que el premilenialismo futurista sostiene que es *futuro*.[3]

En este capítulo, examinaremos varias características clave en Apocalipsis 20 para demostrar que este pasaje enseña claramente que el reinado de Cristo de mil años se llevará a cabo después de su segunda venida, como lo sostiene el premilenialismo futurista. Los puntos centrales de esta afirmación son (1) el momento en el que Satanás es atado, (2) la naturaleza de la primera resurrección, (3) la duración de los mil años y (4) la cronología de las visiones de Juan.

El momento en el que Satanás es atado

En Apocalipsis 20:1-3, la visión de Juan se enfoca en la posición de Satanás durante el reinado milenial de Cristo. El apóstol escribe:

> Vi a un ángel que descendía del cielo, con la llave del abismo, y una gran cadena en la mano. Y prendió al dragón, la serpiente antigua, que es el diablo y Satanás, y lo ató por mil años; y lo arrojó al abismo, y lo encerró, y puso su sello sobre él, para que no engañase más a las naciones, hasta que fuesen cumplidos mil años; y después de esto debe ser desatado por un poco de tiempo.

Una pregunta clave involucra el momento que se ata a Satanás.

---

3. Al mismo tiempo debe hacerse una distinción importante: el amilenialismo enseña que la era actual es el reino milenial, mientras que el posmilenialismo enseña que esta era está *convirtiéndose* en el reino milenario. Más específicamente, el posmilenialismo enseña que el evangelio se desarrollará con un éxito creciente en la época actual, hasta que la mayor parte del mundo se convierta a Cristo y el reino se establezca totalmente. El posmilenialismo cree que el punto exacto de partida del reino milenial es difícil (si no imposible) de discernir. El posmilenialismo no necesariamente afirma que los mil años de Apocalipsis 20 se extienden a lo largo de toda la era actual, como sostiene el amilenialismo, pero afirma que los mil años se llevan a cabo durante la época presente. Por esto, algunos de los argumentos en este capítulo se aplican más directamente al amilenialismo que al posmilenialismo.

En pocas palabras, ¿ocurre ahora o en el futuro? Es decir, ¿está Satanás actualmente atado en el abismo durante la época presente, o su encarcelamiento de mil años se llevará a cabo después de la segunda venida de Cristo? El amilenialismo y posmilenialismo ven la atadura de Satanás como una realidad presente (el milenio es *ahora*) mientras que el premilenialismo futurista la ve como algo futuro.

El encarcelamiento de Satanás no puede considerarse una realidad actual porque los acontecimientos de Apocalipsis 20:1-3 son incompatibles con la descripción que el Nuevo Testamento hace de la influencia satánica durante la era presente. Según la visión de Juan, Satanás será desarraigado de toda actividad terrenal durante mil años. La descripción del diablo siendo lanzado al abismo, el cual se cierra y sella sobre él, proporciona una imagen vívida de la eliminación total de la influencia diabólica en la tierra. Es más, si una visión pretendiera enseñar que Satanás estará completamente inactivo durante los mil años, es difícil imaginar cómo esto podría describirse con mayor claridad.

La ubicación específica del encarcelamiento de Satanás clarifica especialmente esto. La palabra *abismo* se refiere a una prisión para espíritus inmundos; cuando los demonios son confinados en el abismo, la Biblia indica que se les impide deambular libremente por la tierra. Esto es evidente en Lucas 8, donde Jesús se encontró con un hombre endemoniado. Cuando el Señor comenzó a conversar con los demonios que habitaban en este individuo, le suplicaron que no les ordenara ir al abismo, sino que más bien les permitiera entrar a un hato de cerdos que había cerca (vv. 31-32). El motivo de la petición de los demonios no se debió a que tuvieran la intención de matar a los cerdos, sino más bien a que el encarcelamiento en el abismo les habría impedido tener alguna influencia en este mundo —al menos mientras estuvieran encerrados *en* el abismo— en tanto que entrar en los cerdos les permitiría seguir en libertad y causar estragos en la tierra.

Lo mismo se ve en el libro de Apocalipsis; en 9:1-3, una multitud de demonios debe primero ser liberada del abismo antes de causar daño en la tierra. Sin embargo, antes de ser liberados, los demonios no tienen influencia terrenal en absoluto. De igual manera, en Apocalipsis 20, "Satanás será liberado de su prisión" (v. 7, NVI) antes que pueda salir a "engañar a las naciones" (v. 8). Pero mientras esté confinado en el abismo, el diablo no puede salir de su prisión, por lo que su actividad en la tierra es completamente inexistente.

En contraste, el Nuevo Testamento deja muy claro que Satanás, a quien se describe como "el dios de este mundo" (2 Co. 4:4, PDT) y "el príncipe de este mundo" (Jn. 12:31; 14:30; 16:11; cp. 1 Jn. 4:4), se encuentra muy activo en la tierra durante la época actual. No solo que "como león rugiente, anda alrededor buscando a quien devorar" (1 P. 5:8), sino que también participa en muchas otras actividades: dice mentiras (Jn. 8:44); tienta a los creyentes a pecar (1 Co. 7:5; Ef. 4:27); se disfraza como ángel de luz (2 Co. 11:13-15); trata de engañar a los hijos de Dios (2 Co. 11:3); arrebata el evangelio de los corazones incrédulos (Mt. 13:19; Mr. 4:15; Lc. 8:12; cp. 1 Ts. 3:5); saca ventaja de los creyentes (2 Co. 2:11); influye en las personas para que mientan (Hch. 5:3); mantiene a los no creyentes bajo su poder (Hch. 26:18; Ef. 2:2; 1 Jn. 5:19); abofetea a los siervos de Dios (2 Co. 12:7); estorba el progreso del ministerio (1 Ts. 2:18); intenta destruir la fe de los creyentes (Lc. 22:31); libra guerra contra la Iglesia (Ef. 6:11-17) y atrapa y engaña a las personas, manteniéndolas cautivas para que hagan la voluntad del diablo (2 Ti. 2:26). Es imposible armonizar esta descripción de las actividades de Satanás con la opinión de que actualmente está sellado en el abismo.

Los amilenialistas y posmilenialistas han respondido a esta incongruencia insistiendo en que la atadura de Satanás solo le impide engañar a las naciones, lo cual lo deja en libertad de participar en estas otras actividades. Al fin y al cabo, ese es el único propósito declarado en Apocalipsis 20:3 de atar a Satanás: "Que no engañase más a las naciones". De este modo, los amilenialistas y posmilenialistas dicen que la actividad de Satanás en la era actual está *limitada,* pero no eliminada.

Un problema con este argumento es que se enfoca en el propósito declarado en el versículo 3 mientras hace caso omiso a la ubicación actual del encarcelamiento de Satanás. Si el celador de una prisión pone a un prisionero en confinamiento solitario por el propósito declarado de impedirle que mate a otros prisioneros, esto no significa que el individuo esté libre para robarles y realizar otras actividades similares.

A fin de cuentas, la ubicación de confinamiento solitario lo aísla por completo del resto de la prisión y lo aleja totalmente de los demás prisioneros. Del mismo modo, el grado de restricción de Satanás en Apocalipsis 20 está determinado no solo por el propósito declarado, sino también por la ubicación de su encarcelamiento, el abismo, que quita al diablo de la tierra y lo aleja de cualquier influencia allí.[4]

Además, el Nuevo Testamento enseña que Satanás *sí* engaña a las naciones durante la era actual. Según 2 Corintios 4:4, Satanás "cegó el entendimiento de los incrédulos, para que no les resplandezca la luz del evangelio de la gloria de Cristo". Es decir, en la actualidad, Satanás engaña a los incrédulos que conforman las naciones de este mundo cegándolos e impidiéndoles que acepten el evangelio. Asimismo, el libro de Apocalipsis enseña que Satanás y sus demonios seguirán engañando a las naciones hasta el momento en que Jesús regrese para establecer su reino y Satanás sea lanzado al abismo (Ap. 12:9; 13:14; 18:23; 19:20). Si a Satanás se le impide engañar a las naciones durante el reinado milenial de Cristo y sin embargo actualmente está engañando a las naciones en la era presente, los mil años de Apocalipsis 20 no pueden estar ocurriendo ahora. El hecho de atar a Satanás debe ser futuro.[5]

Naturaleza de la primera resurrección

En Apocalipsis 20:4-6, el apóstol Juan se refiere a individuos que "vivieron y reinaron con Cristo mil años" (v. 4), describiendo esta

4. Esta ilustración fue tomada de Charles E. Powell, "Progression Versus Recapitulation in Revelation 20:1-6", *Bibliotheca Sacra* 163 (enero a marzo de 2006): 98.

5. Los amilenialistas suelen igualar la atadura de Satanás en Apocalipsis 20 con la atadura del hombre fuerte en Mateo 12:29 y afirman que ambas ataduras tuvieron lugar al principio de la era actual, cuando Cristo conquistó al diablo en el Calvario (Col. 2:15; He. 2:14-15; 1 Jn. 3:8). Aunque el mismo verbo "atar" (*déo*) se usa en ambos pasajes, ahí es donde terminan las similitudes. En Mateo 12:29, la atadura de Satanás destruye el poder que tenía para poseer individuos específicos, lo que permitió a Jesús liberar a esos individuos del control de Satanás. En cambio, la atadura de Satanás en Apocalipsis 20 implica encarcelarlo en el abismo y evitar que engañe a las naciones. El punto de vista amilenial de que la atadura de Satanás en Apocalipsis 20 se refiere a la victoria de Cristo en la cruz enfrenta el problema adicional de cómo explicar la liberación de Satanás en Apocalipsis 20:7; independientemente de lo que se logre en el encarcelamiento del versículo 2, se deshace en la liberación del versículo 7.

vuelta a la vida como "la primera resurrección" (v. 5).[6] Según el premilenialismo futurista, esta es la primera de dos resurrecciones físicas en Apocalipsis 20, resurrecciones que están separadas por mil años. La primera es una resurrección de los justos: los creyentes fieles que son martirizados durante la tribulación (v. 4), y la segunda es una resurrección de los impíos que estarán delante del trono del juicio final después del reino milenial (vv. 11-15). Juan escribe que los justos "vivieron y reinaron con Cristo mil años. Pero los otros muertos no volvieron a vivir hasta que se cumplieron mil años" (vv. 4-5).

Los amilenialistas y posmilenialistas rechazan esta idea de dos resurrecciones físicas separadas por mil años, e insisten en que "la primera resurrección" al principio de los mil años no es física sino más bien espiritual. Explican la naturaleza espiritual de esta resurrección en varias maneras, pero el punto de vista más común es que la primera resurrección se refiere a la regeneración de los creyentes en el momento de la conversión. De esta manera, la primera resurrección se lleva a cabo durante la era presente, cuando aquellos que están espiritualmente muertos reciben vida en Cristo (Jn. 5:25; Ef. 2:4-6; Col. 2:12-13; 1 Jn. 3:14) y viven para reinar con Él en el reino milenial presente.

Sin embargo, hay varios inconvenientes con esta perspectiva. Primero, la palabra traducida "resurrección" (*anástasis*) se usa cuarenta y una veces más en el Nuevo Testamento y nunca para referirse a regeneración. Esta objeción no es conclusiva, porque teóricamente es posible que Juan use esta expresión en una forma única; sin embargo, la carga de la prueba se pone en quienes afirman que se usa de esta forma en Apocalipsis 20.

Un segundo inconveniente tiene que ver con la vuelta a la vida de "los otros muertos" al principio del versículo 5. Cuando Juan asevera que estos individuos "volvieron a vivir" (*ézesan*) cuando "se cumplieron mil años", los intérpretes concuerdan en que esta palabra se refiere a una resurrección física. Debido a que Juan utiliza la misma

---

6. La primera parte de Apocalipsis 20:5 ("los otros muertos no volvieron a vivir hasta que se cumplieron mil años") es explicativa. Por tanto, cuando Juan se refiere a la "primera resurrección" en la parte siguiente del versículo 5, señala el regreso a la vida descrito al final del versículo 4. En esto están de acuerdo todos los intérpretes.

forma de la misma palabra griega (*ézesan*) para referirse a la vuelta a la vida de los individuos en el versículo 4, es lógico pensar que esta "primera resurrección" también debe ser física. De lo contrario, "nos enfrentamos con el problema de que la misma palabra se usa en el mismo contexto con dos significados totalmente distintos, sin que haya ningún indicio de cambio de significado".[7] El premilenialismo futurista no tiene este problema, porque considera que el verbo *ézesan* se refiere a una resurrección física en ambos versículos: una resurrección de los justos en el versículo 4 y una resurrección de los malvados en el versículo 5.

Tercero, este pasaje indica que todo el grupo de individuos que son resucitados en la primera resurrección resucitan juntos al principio del milenio y reinan juntos con Cristo durante todos los mil años (Ap. 20:4-6). Esto queda claro de la gramática del pasaje.[8] No obstante, según el punto de vista de que la primera resurrección equivale a regeneración, los creyentes son regenerados *a lo largo de* los mil años (los cuales consideran como la era presente), de modo que la entrada de los santos a este reino se distribuye a través del milenio. Esto simplemente no calza con la visión descrita por Juan.

Por último, de acuerdo con la opinión de que la primera resurrección se refiere a una regeneración, los individuos descritos en el versículo 4 no son regenerados por el Espíritu Santo hasta después que son martirizados. De esta manera, el punto de vista de la regeneración presenta "¡lo absurdo de tener almas que son regeneradas *después* que han sido decapitadas por su fidelidad a Cristo!"[9]

En contraste, hay varias razones de por qué la "primera resurrec-

---

7. George Eldon Ladd, *A Commentary on the Revelation of John* (Grand Rapids: Eerdmans, 1972), 266.

8. Al escribir que los santos volvieron a vivir y reinaron con Cristo "mil años" (Ap. 20:4), el apóstol Juan usa lo que los gramáticos griegos llaman un tiempo acusativo (véase Daniel Wallace, *Greek Grammar beyond the Basics: An Exegetical Syntax of the New Testament* [Grand Rapids: Zondervan, 1996], 201-3). Esto indica que los santos reinarán con Cristo por todos los mil años (tal como Satanás estará atado y encarcelado por la totalidad de los mil años). Si Juan hubiera pretendido comunicar que los santos reinarían *durante* los mil años (como los amilenialistas y posmilenialistas creen) en lugar de *a lo largo de todos* los mil años, habría usado un tiempo *genitivo* (véase Wallace, 122-24).

9. Alva J. McClain, *The Greatness of the Kingdom: An Inductive Study of the Kingdom of God* (1959; reimpresión Winona Lake, IN: BMH, 1992), 488; cursivas en el original.

ción" debe referirse a una resurrección física: (1) es coherente con el uso de la palabra "resurrección" (*anástasis*), que se refiere a resurrección física cuarenta y una de cuarenta y dos veces en el Nuevo Testamento; (2) la palabra traducida "volvieron a vivir" (*ézesan*) se refiere a la misma clase de resurrección en el versículo 5 como también en el versículo 4: una resurrección física; (3) tiene mucho sentido con la terminología "*primera* resurrección", la cual obviamente supone una segunda resurrección, la resurrección de los malvados mil años después; y (4) se ajusta al contexto en que Juan ve que quienes fueron asesinados en el reino físico volvían a vivir en el reino físico.

La objeción más común a la perspectiva del premilenialismo futurista de dos resurrecciones físicas en Apocalipsis 20 es que en otras partes, la Biblia enseña una resurrección única y general en que los justos y los malvados resucitarán al mismo tiempo (Dn. 12:2; Jn. 5:28-29; Hch. 24:15). Así pregunta un posmilenialista: "¿Por qué debemos creer que el Nuevo Testamento enseña en otras partes una resurrección general y singular el último día, solo para descubrir más tarde... que en realidad hay dos resurrecciones específicas y ligeramente separadas para clases diferentes de personas?".[10]

En respuesta a esta objeción, Daniel 12:2, Juan 5:28-29 y Hechos 24:15 realmente no excluyen la posibilidad de dos resurrecciones distintas y separadas por algún tiempo. Es más, los tres pasajes hablan de una resurrección de los justos y una resurrección de los impíos, y siempre en el mismo orden (el mismo que en Apocalipsis 20) y no afirman ni requieren que las dos resurrecciones ocurran al mismo tiempo.[11]

Es útil recordar que la revelación posterior en las Escrituras a veces clarifica que realmente hay una brecha de tiempo que separa dos acontecimientos profetizados en revelación anterior: dos sucesos que

---

10. Kenneth L. Gentry, hijo, "A Postmillennial Response to Craig A. Blaising", en *Three Views on the Millennium and Beyond*, ed. Darrell L. Bock (Grand Rapids: Zondervan, 1999), 243.

11. Cuando Juan declara que "vendrá *hora*" en que estas dos resurrecciones ocurrirán (Jn. 5:28-29), no necesariamente se refiere a que ambas resurrecciones sucedan al mismo tiempo. A fin de cuentas, Juan utiliza frecuentemente la palabra "hora" para referirse a un período prolongado (Jn. 16:2), a veces tan largo como toda la era actual (Jn. 4:21, 23; 1 Jn. 2:18). En realidad, él usa la palabra "hora" en esta misma forma solo tres versículos antes en Juan 5:25.

inicialmente aparecieron como si fueran a ocurrir al mismo tiempo. Por ejemplo, no hay evidencia clara solo en el Antiguo Testamento de que habría dos venidas separadas del Mesías alejadas por un período significativo. Pero una vez que llegas a la revelación posterior del Nuevo Testamento, te das cuenta de que lo que los escritores del Antiguo Testamento parecieron describir como un solo hecho debe reconocerse ahora que comprendía dos sucesos. Del mismo modo, cuando se trata de la futura resurrección, lo que los escritores anteriores de las Escrituras parecieron describir como una sola resurrección (una resurrección general de los justos y los impíos) debe reconocerse ahora que abarca dos resurrecciones (una de los justos y luego otra de los impíos mil años después).

Como ilustración, imagina que conduces por una autopista en el desierto. A la distancia ves dos montañas en el horizonte, y la autopista que pasa justo en medio de ellas. Las dos montañas parecen estar una al lado de la otra, una a la izquierda y otra a la derecha, pero, a medida que te acercas, ves que la de la derecha está realmente más cerca que la de la izquierda. Es más, cuando *pasas* la que está a la derecha descubres que hay un espacio de mil metros entre las dos montañas, espacio que no podías ver cuando mirabas desde la distancia.

Eso es exactamente lo que encuentras en el avance de la revelación con la futura resurrección de los justos y los malvados. Antes, en las Escrituras, ves una resurrección de vida y otra de juicio, y desde la distancia inicialmente parece que las dos ocurrirán al mismo tiempo (Dn. 12:2; Jn. 5:28-29; Hch. 24:15). Pero ahora que estás más cerca, observando la clara enseñanza de Apocalipsis 20, te das cuenta de que, así como había mil metros de separación entre las dos montañas, hay mil años de separación entre las dos resurrecciones. Esta es la única manera de armonizar todo lo que las Escrituras enseñan sobre el tema de la futura resurrección.

La duración de los mil años

Al reinado de Cristo en Apocalipsis 20 se le llama a menudo su reinado *milenial*, porque se le describe como de mil años de duración.

Los amilenialistas y posmilenialistas generalmente dicen que, de acuerdo con la naturaleza simbólica de Apocalipsis como un todo, los mil años deberían entenderse simbólicamente, pues representan, o bien un tiempo "completo", o bien un tiempo prolongado indefinidamente. Esto suscita la duda de si los mil años en Apocalipsis 20 deberían entenderse en forma literal o figurada. El significado de esta duda es obvio: si los mil años son literales, no puede referirse a la era actual, que ya casi dura dos mil años, y por tanto debe referirse a un período que todavía es futuro.

El argumento principal para la opinión simbólica es que el libro de Apocalipsis está lleno de simbolismos en general y números simbólicos en particular. Por tanto, se dice que el número "mil" también debe ser simbólico. Sin embargo, este argumento es demasiado simplista. La realidad es que la gran mayoría de los doscientos cincuenta y cuatro números en el libro de Apocalipsis están destinados a entenderse literalmente. Además, cada vez que Apocalipsis usa un número con un indicador de tiempo, como días, meses o años, no hay indicio claro de que sea simbólico. Y en ninguna parte de las Escrituras, ni siquiera en 2 Pedro 3:8, se usa mil años como una designación simbólica.[12]

No basta con *decir* simplemente que Apocalipsis está lleno de simbolismo y, por tanto, que los mil años deben ser simbólicos; es necesario proporcionar evidencia convincente de que tal cantidad de tiempo debería entenderse de este modo. El único planeamiento concebible para entender cualquier clase de literatura es suponer el sentido literal, a menos que la naturaleza del lenguaje obligue al lector a considerar una interpretación simbólica.[13] No solo que este es el único planteamiento concebible, sino que también refleja el hecho de que el lenguaje simbólico es una desviación de lo literal, y no al revés.

Para determinar si algo en las Escrituras debe interpretarse simbólicamente es útil hacer tres preguntas: Primera, *¿presenta esto algún grado de irracionalidad cuando se toma literalmente?* Con el lenguaje simbólico, hay algo inherente en el lenguaje mismo que obliga al

12. Steve P. Sullivan, "Premillennialism and an Exegesis of Revelation 20:37-40", http://www.pre-trib.org/data/pdf/Sullivan-PremillennialismAndA.pdf.

13. Bernard Ramm, *Protestant Biblical Interpretation: A Textbook of Hermeneutics*, tercera edición (Grand Rapids: Baker, 1970), 123.

intérprete a mirar más allá del significado literal. A veces esto representa cierto grado de irracionalidad que hace que el intérprete se rasque la cabeza y diga: "¿Cómo puede ser esto?". Segunda, *¿posee esta interpretación algún grado de claridad cuando se toma simbólicamente?* El lenguaje simbólico es esencialmente claro y comprensible, y describe vívidamente lo que simboliza. Por esta razón, interpretar lenguaje figurado en forma simbólica trae claridad al significado de un texto que parece ser absurdo cuando se toma literalmente. Y tercera, *¿cae la interpretación dentro de una categoría establecida de lenguaje simbólico?* Debido a que las figuras retóricas son legítimas desviaciones del uso normal del lenguaje, están limitadas en número y pueden definirse de acuerdo con ejemplos conocidos.[14] Por esta razón, el intérprete debe determinar si el lenguaje en cuestión cae en una categoría establecida de lenguaje figurado, como símil, metáfora, hipérbole, personificación o antropomorfismo.

Por ejemplo, cuando Isaías 55:12 se refiere a los árboles del campo que dan palmadas de aplauso, el lenguaje del texto cumple todos los tres criterios del lenguaje simbólico: posee un grado de absurdo cuando se toma literalmente (los árboles no tienen manos para aplaudir); posee un grado de claridad cuando se toma simbólicamente (comunica claramente un tiempo de tal gozo que hasta los árboles aplaudirán); y cae en una categoría establecida de lenguaje simbólico (personificación, en la cual una acción humana se atribuye a un objeto inanimado).

En contraste, los mil años de Apocalipsis 20 no cumplen ninguno de los criterios propuestos. En primer lugar, no hay nada absurdo o sin sentido en cuanto a la interpretación literal de los mil años que obligue al intérprete a buscar algo diferente al significado literal. Es más, si Dios hubiera querido comunicar que el reino de Cristo duraría mil años literales, ¿cómo más pudo haberlo hecho? ¿Qué más pudo haber dicho?

Segundo, no hay ningún grado de claridad cuando los mil años se toman simbólicamente. Por ejemplo, un posmilenialista describe de

14. Walter C. Kaiser, Jr., *Toward an Exegetical Theology: Biblical Exegesis for Preaching and Teaching* (Grand Rapids: Baker, 1981), 122.

este modo el significado simbólico de los mil años: "El número sagrado siete en combinación con el número igualmente sagrado tres forma el número de perfección santa [diez], y cuando este diez se eleva al cubo en mil, [Juan] ha dicho todo lo que podía decir para transmitir a nuestras mentes la idea de plenitud absoluta".[15] Sin embargo, ¿qué llevaría exactamente a los intérpretes a ver este tipo de ecuación matemática detrás del número mil? Además, la explicación común de que los mil años representan "plenitud" o "un tiempo completo" plantea la pregunta: ¿Qué es exactamente plenitud? ¿Qué es un tiempo *completo,* y cómo difiere este de un tiempo *incompleto*? ¿Qué se está comunicando exactamente con las palabras "mil años"? La mayoría de las explicaciones simbólicas de los mil años presentan más confusión que claridad.

Tercero, el uso simbólico de los mil años no cae en ninguna categoría clara de lenguaje simbólico. La posibilidad más cercana parece ser la sugerencia de que la interpretación simbólica de los mil años es igual a la declaración: "¡Te lo he dicho un millón de veces!".[16] A esta figura del lenguaje se le conoce como *hipérbole,* una exageración obvia para resaltar un punto. ¡Pero el uso de Juan de mil años no puede entenderse como hipérbole si se usa para referirse a un tiempo que lleva ya casi dos mil años de duración! El número mil no es una exageración del número dos mil.

Simplemente no hay una razón convincente en el contexto inmediato para interpretar los mil años como algo que no sea literal. Es más, cuando el apóstol Juan pretende expresar una cantidad indefinida de algo en Apocalipsis 20, no lo hace nombrando una cantidad específica como mil años, sino más bien usando expresiones indefinidas como "por un poco de tiempo" (v. 3) o "el número de los cuales es como la arena del mar" (v. 8). El uso séxtuple de Juan del número específico mil, en contraste con estas frases indefinidas para tiempo y cantidades, solo fortalece la conclusión de que los mil años deben entenderse literalmente.

15. B. B. Warfield, "The Millennium and the Apocalypse", en *Biblical Doctrines* (Nueva York: Oxford University Press, 1929), 654.

16. David Chilton, *The Days of Vengeance: An Exposition of the Book of Revelation* (Fort Worth: Dominion Press, 1987), 507.

La cronología de las visiones de Juan

Lo esencial del debate sobre la duración del milenio se encuentra finalmente en la relación cronológica entre Apocalipsis 19 y Apocalipsis 20. La mayoría de intérpretes concuerdan en que las visiones en Apocalipsis 19:11-21 describen la segunda venida de Cristo. Por esto, si la visión en Apocalipsis 20:1-6 pretende describir lo que sucede a continuación, *después* de la segunda venida, entonces obviamente los mil años aún son futuros y el libro de Apocalipsis enseña premilenialismo.

En contraste con la interpretación cronológica de Apocalipsis 19 y 20, el amilenialismo y posmilenialismo sostienen que Apocalipsis 20:1 recapitula y regresa al lector a inicios de la era actual. De este modo, se dice que los mil años no son futuros sino presentes, que se extienden desde la primera venida de Cristo hasta el momento de su segunda venida. Esto a menudo se conoce como el punto de vista de recapitulación. La cuestión es si existen razones convincentes para creer que Apocalipsis 20:1 regresa al lector a inicios de la era actual.

El argumento más común para la recapitulación viene de Apocalipsis 12. Según la perspectiva de recapitulación, los paralelos entre la expulsión de Satanás en Apocalipsis 12:7-12 y el lanzamiento de Satanás en Apocalipsis 20:1-6 confirman que ambos pasajes describen los mismos sucesos en la era actual. Por ejemplo, ambos se llevan a cabo en una escena celestial; ambos involucran una batalla angelical con Satanás; ambos se refieren a él como el dragón y la serpiente antigua; ambos lo describen siendo arrojado; y ambos se refieren a su "poco tiempo". Los amilenialistas y posmilenialistas citan estos y otros paralelos como evidencia de que Apocalipsis 20:1 regresa al lector a inicios de la era del Nuevo Testamento.[17]

17. Una segunda objeción al punto de vista premilenial tiene que ver con las naciones no creyentes en el reino milenial: Si Apocalipsis 19 y 20 presentan una secuencia de acontecimientos, y todas las naciones son destruidas al final del capítulo 19, ¿de dónde vienen todos los incrédulos en 20:8 cuando Satanás engaña a las naciones después de su liberación? Los premilenialistas han respondido a esta objeción en una de dos maneras. Primera, algunos premilenialistas afirman que no todos los incrédulos serán destruidos en la segunda venida de Cristo, y por tanto surgirán naciones de los sobrevivientes no glorificados de la batalla en Apocalipsis 19:17-19. Sin embargo, esta opinión parece difícil de sustentar, en vista del lenguaje universal de Apocalipsis 19:18 ("todos, libres y

El inconveniente es que este argumento se enfoca en puntos superficiales de similitud entre Apocalipsis 12 y Apocalipsis 20, mientras pasa por alto diferencias entre los dos pasajes que hacen imposible que estén describiendo los mismos hechos o el mismo período. Supongamos que una revista noticiosa publicara dos artículos separados sobre el presidente de los Estados Unidos. El primer artículo describe cómo vuela en Air Force One desde Washington, DC, a Londres, donde pasa el día ofreciendo varios discursos públicos. Un artículo posterior describe cómo el presidente vuela en Air Force One desde Londres a Hawái, donde pasa dos semanas de vacaciones con su familia y fuera de la atención pública. El lector con discernimiento no supondría que los dos artículos describen el mismo vuelo simplemente porque ambos se refieren a cómo (a) el presidente de los Estados Unidos (b) vuela a través del océano (c) en Air Force One. Después de todo, el punto de partida es diferente, el destino es diferente y la esencia del viaje es diferente. Los dos relatos no podrían estar describiendo el mismo vuelo a través del océano.

Lo mismo pasa con el paralelismo entre Apocalipsis 12 y Apocalipsis 20: Aunque ambos pasajes se refieren al lanzamiento de Satanás, las diferencias críticas excluyen la posibilidad de que se refieran al mismo lanzamiento. Por ejemplo, en Apocalipsis 12, Satanás es expulsado del cielo a la *tierra*, pero en Apocalipsis 20 es arrojado desde la tierra al *abismo*. A menos que estemos preparados para equiparar el abismo y la tierra, este no puede ser el mismo lanzamiento de Satanás, quien

---

esclavos, pequeños y grandes"), además de otros pasajes que indican la total destrucción de los impíos en la segunda venida (Is. 24:22; Sof. 3:8; 1 Ts. 5:3; 2 Ts. 2:12; Mt. 25:31-46; cp. Mt. 7:21; Jn. 3:3-5). Una explicación más probable es que las naciones surgirán de los descendientes de los santos no glorificados que entran originalmente al milenio. De acuerdo con este punto de vista, la iglesia será arrebatada y glorificada justo antes de los siete años del período de tribulación (1 Ts. 4:13-18), y aquellos creyentes que son martirizados durante la tribulación resucitarán y serán glorificados al principio de los mil años (Ap. 20:4). Pero aquellos creyentes que se convierten durante la tribulación, pero que sobreviven a la persecución, entrarán al reino milenial en cuerpos no glorificados, presumiblemente resucitando algún tiempo después. Durante el milenio, estos individuos tendrán descendientes que finalmente darán lugar a las naciones incrédulas que se rebelan contra Cristo después de mil años. Aunque algunos amilenialistas y posmilenialistas objetan la coexistencia de personas glorificadas y no glorificadas, esto es precisamente lo que sucedió cuando Cristo resucitado y glorificado comió e interactuó con los discípulos no glorificados durante los cuarenta días entre su resurrección y ascensión.

está en la tierra en Apocalipsis 12 y en el abismo en Apocalipsis 20, pero no puede estar en ambos lugares a la vez.

Otra diferencia importante es que la expulsión de Satanás desde el cielo, en Apocalipsis 12, tiene el efecto contrario del lanzamiento de Satanás al abismo en Apocalipsis 20. Cuando Satanás es arrojado a la tierra en el capítulo 12, esto resulta en un incremento de engaño a las naciones (Ap. 12:9).[18] Pero cuando Satanás es arrojado al abismo en Apocalipsis 20, esto le impide seguir engañando a las naciones (Ap. 20:3). Satanás puede estar engañando a las naciones del mundo, o puede estar sellado en el abismo siendo incapaz de engañar a esas naciones, pero no puede estar engañando y al mismo tiempo siendo incapaz de engañar. Las dos descripciones son incompatibles.

Una última diferencia implica la poca cantidad de tiempo que se le da a Satanás en ambos pasajes. Al final de Apocalipsis 12:12, Juan describe a Satanás siendo arrojado a la tierra, "con gran ira, sabiendo que tiene poco tiempo". En Apocalipsis 20:3, Juan escribe que después que Satanás es encerrado en el abismo durante mil años, "debe ser desatado por un poco de tiempo". A este paralelismo, "poco tiempo" en 12:12 y "un poco de tiempo" en 20:3, se refieren quienes sostienen el punto de vista de recapitulación. El problema es que estos dos períodos no se alinean cronológicamente. En Apocalipsis 12, Satanás es lanzado a la tierra por poco tiempo, pero en Apocalipsis 20 es arrojado al abismo por *mucho* tiempo (los mil años), y luego es liberado por un poco de tiempo. Si la perspectiva de recapitulación fuera correcta, el poco tiempo en Apocalipsis 12 coincidiría con el largo tiempo en Apocalipsis 20 (los mil años), que luego es *seguido* por poco tiempo. El supuesto paralelo entre el "poco tiempo" en Apocalipsis 12 y el "un poco de tiempo" en Apocalipsis 20 no brinda apoyo para la opinión de la recapitulación y en realidad presenta una dificultad para ella.

En contraste con el punto de vista de recapitulación, la manera más natural de leer esta sección de Apocalipsis es ver una relación secuencial en que los acontecimientos del capítulo 20 siguen a los del

18. Este engaño se describe entonces en Apocalipsis 13–19 (véase 13:14; 16:14; 18:23; y 19:20).

capítulo 19. No hay nada en Apocalipsis 20:1 que sugiera una ruptura cronológica entre los dos capítulos; Juan simplemente presenta la siguiente visión con la palabra "vi", tal como hace a lo largo del libro de Apocalipsis. Debido a la falta de algún indicio claro de que Apocalipsis 20:1 regresa al lector a inicios de la era actual, es mejor afirmar una relación cronológica.

Además, la vista secuencial de Apocalipsis 19 y 20 está secundada por una cantidad de características en el contexto inmediato. Primera, la referencia de Juan a cómo el encarcelamiento de Satanás le impedirá que engañe "más" a las naciones (Ap. 20:3), relaciona esta visión con el contexto anterior en tal forma que sugiere una relación secuencial. Debido a que la palabra "más" indica que Satanás participa en este engaño justo antes de ser encerrado en el abismo, y a que Apocalipsis 12–19 resalta reiteradamente que el engaño satánico a las naciones tendrá lugar a través de la segunda mitad de la tribulación (Ap. 12:9; 13:14; 16:14; 18:23; 19:19-20), esta referencia a Satanás de no engañar "más" a las naciones durante los mil años señala hacia una lectura cronológica de Apocalipsis 19 y 20. Esto sería similar a una narración que contenga varios capítulos que describen cómo un perro le ladra a un gato, seguida de un capítulo que describe luego cómo un hombre encerró al perro en el garaje "para que no ladre '*más*' al gato". La manera más natural de leer tal narración sería ver que este último capítulo describe un suceso que tuvo lugar después de los acontecimientos descritos en los capítulos anteriores.

Segunda, la descripción del lago de fuego en Apocalipsis 20:10 también sugiere una relación secuencial. En el momento de la segunda venida, antes de los mil años, la bestia y el falso profeta serán "lanzados vivos dentro de un lago de fuego que arde con azufre" (Ap. 19:20). Después, al final de los mil años, Satanás será "lanzado en el lago de fuego y azufre, *donde estaban la bestia y el falso profeta*" (Ap. 20:10). Según esta descripción, la manera más natural de leer Apocalipsis 19–20 es considerar una secuencia cronológica en la cual (1) la bestia y el falso profeta son lanzados al lago de fuego (Ap. 19:20); (2) Satanás es atado y sellado en el abismo durante mil años (Ap. 20:1-6); (3) Satanás es liberado después de los mil años y derrotado por fuego del cielo (Ap. 20:7-9); y luego (4) Satanás es lanzado al lago de fuego donde ya están la bestia y el falso profeta (Ap. 20:10).

Tercera, el contenido de Apocalipsis 20:1-6 es simplemente incompatible con la opinión de que este pasaje es una descripción de la era actual. La atadura de Satanás es futura en lugar de presente, la "primera resurrección" es física en lugar de espiritual y los mil años son literales en lugar de simbólicos. Por estas razones, el contenido de la visión de Juan en Apocalipsis 20:1-6 no permitirá el punto de vista de recapitulación, y los sucesos de Apocalipsis 20 deben seguir a los de Apocalipsis 19.

Conclusión

La discrepancia sobre el milenio probablemente continuará por algún tiempo, pero no debido a falta de claridad en Apocalipsis 20:1-6. Cualquier intento de argumentar a favor del amilenialismo o posmilenialismo debe restar importancia a la contribución de este pasaje o rechazar su interpretación directa. Cuando Cristo regrese en gloria a la tierra, Satanás será lanzado al abismo donde estará confinado por mil años. Durante este tiempo, el Señor Jesús establecerá su reino milenial y reinará desde Jerusalén en perfecta paz y justicia. Entonces, al final de los mil años, Satanás será liberado del abismo, derrotado de modo decisivo y lanzado al lago de fuego. Los impíos serán juzgados, la tierra será destruida y se establecerán un cielo nuevo y una tierra nueva que continuarán a través de la eternidad. En esta forma, cuando todo se haya dicho y hecho, el Señor Jesucristo será victorioso sobre toda maldad.

Capítulo siete

¿LLEVA EL CALVINISMO AL PREMILENIALISMO FUTURISTA?[1]

John MacArthur

El legado de la teología reformada (comúnmente llamada "calvinismo") se remonta no solo a los reformadores como Juan Calvino o los padres de la iglesia como Agustín, sino a la Biblia misma. La gloriosa doctrina de la gracia no es producto principalmente de la historia de la Iglesia, sino del testimonio de las Escrituras, con su reiterado énfasis en la total incapacidad del hombre y en la elección y preservación del amor de Dios. Pasaje tras pasaje, desde Juan 6 hasta Romanos 9 y Efesios 1, reiteran estas grandes verdades con claridad y poder.[2] Como explicó el reconocido fundador de orfanatos y guerrero de oración, George Müller, hace más de un siglo:

> Fui a la Palabra, leyendo el Nuevo Testamento desde el principio, con una referencia particular a estas verdades. Para mi gran sorpresa descubrí que los pasajes que hablan

1. Este capítulo está adaptado de partes de una charla dictada en la Conferencia de Pastores de 2007 en Grace Community Church, Sun Valley, California.

2. Para un excelente estudio de estos pasajes, véase Steven J. Lawson, *Foundations of Grace: A Long Line of Godly Men* (Lake Mary, FL: Reformation Trust, 2006).

> decididamente a favor de la elección y la gracia perseverante eran casi cuatro veces más de los que al parecer hablan en contra de estas verdades; e incluso esos pocos, inmediatamente después, cuando los examiné y entendí, sirvieron para confirmarme las doctrinas anteriores.[3]

Aunque Müller había rechazado inicialmente las doctrinas calvinistas, pronto se convenció abrumadoramente que eran veraces al estudiar las Escrituras. Junto con George Müller, los más grandes nombres en la historia de la Iglesia Evangélica (hombres como John Knox, John Owen, George Whitefield, Jonathan Edwards, William Carey, Charles Hodge, Charles Spurgeon y D. Martyn Lloyd-Jones) han participado en esa herencia reformada.

Sin embargo, a pesar de esta prestigiosa herencia, todavía hay unos cuantos aspectos en que la teología reformada necesita más reforma. Una de las deficiencias más evidentes en la historia del movimiento reformado está en la esfera de la escatología, donde en general se ha rechazado la interpretación literal de las promesas milenarias hechas a Israel. En su lugar, se ha aplicado a muchos pasajes proféticos una hermenéutica alegórica (o espiritual), lo que resulta en un compromiso predominante con el amilenialismo y, en menor grado, con el posmilenialismo.

Incluso hoy día, si encuestáramos sobre el tema de la escatología a líderes pertenecientes al llamado joven e inquieto movimiento reformado, el consenso sería que no hay consenso. Muchos pastores conservadores evangélicos consideran el final de los tiempos como algo sin importancia o incluso peligroso, un obstáculo para la unidad y un tema en el cual es imposible lograr claridad doctrinal. Sin embargo, si hay un campo en el que no debería haber confusión ni ambivalencia hacia la escatología, es el de quienes están comprometidos con la comprensión reformada de la soberanía de Dios en la elección.

Al fin y al cabo, los evangélicos reformados son firmes en su devoción a la gloria de Dios, y muy cuidadosos con relación a categorías de

---

3. George Müller, *A Narrative of Some of the Lord's Dealings with George Müller, Written by Himself, Jehovah Magnified*. Alocuciones completas de George Müller, 2 vols. (Muskegon, MI: Dust and Ashes, 2003), 1:46.

doctrina. Son exigentes en cuanto a hermenéutica y tratan la verdad bíblica con la mayor seriedad; también enfocan todos los demás aspectos de la teología con confianza y determinación. ¿Por qué entonces tratan la escatología con preocupación o indiferencia, como si la revelación de Dios relacionada con el futuro fuera irremediablemente ambigua o no importara mucho?

La realidad es que el final *sí* importa. Le importa a Dios tanto que casi una cuarta parte de su Palabra se relaciona con profecías sobre el final de los tiempos. ¿Son tan confusos estos importantes pasajes proféticos que lo básico y supremo para los teólogos es simplemente reconocer el desorden y alejarse, abandonando cualquier idea acerca de la claridad de las Escrituras con relación a la escatología? ¿Es una misión inútil esforzarse por entender los pasajes proféticos, ya que estos requieren una interpretación espiritualizada o alegorizada para comprenderlos? ¿Está oculta la verdad detrás del significado normal de las palabras, de modo que el texto en realidad significa algo diferente de lo que dice?

La escatología y la hermenéutica reformada

La posición reformada siempre ha enfocado las Escrituras usando una hermenéutica literal que toma la Biblia al pie de la letra y aplica las reglas normales del lenguaje para comprender el texto. El mismo Juan Calvino fue un firme defensor del método literal de interpretación bíblica, pues aclaró: "Hágannos saber que el verdadero significado de las Escrituras es el auténtico y sencillo, y aceptémoslo y sujetémoslo con fuerza. Pongamos… valientemente de lado como corrupciones mortales aquellas exposiciones ficticias que nos alejan del sentido literal".[4] El compromiso de Calvino con la hermenéutica literal conllevó que buscara el significado original del autor. En su comentario sobre Romanos observó: "Ya que es casi la única tarea [del intérprete] revelar la mente del escritor a quien se ha comprometido exponer, se equivoca, o al menos se desvía de sus límites, en la medida en

4. John Calvin, "Commentaries on the Epistles of Paul to the Galatians and Ephesians", en *Calvin's Commentaries*, 22 vols. (1853; reimpresión, Grand Rapids: Baker, 1989), 21:136.

que el intérprete aleja a sus lectores del significado del autor [de las Escrituras]".[5]

Al interpretar el texto, Calvino entendió la seriedad de la exposición bíblica. Así escribió: "Es presuntuoso y casi blasfemo cambiar el significado de las Escrituras sin el debido cuidado, como si fuera un juego en que participáramos".[6] Además, Calvino se opuso agresivamente a una interpretación alegórica del texto.

> Este error [de la alegoría] ha sido el origen de muchos males. No solo que abrió el camino para la adulteración del significado natural de las Escrituras, sino que también estableció astucia para alegorizar como la principal virtud exegética. Por tanto, muchos de los antiguos participaron sin ninguna restricción en toda clase de juegos con la sagrada palabra de Dios, como si estuvieran lanzando una pelota de un lado al otro. Esto también dio a los herejes una oportunidad de confundir a la Iglesia, porque cuando es costumbre aceptada que cualquier persona interprete cualquier pasaje en cualquier forma que desee, cualquier idea demente, por absurda o monstruosa que sea, puede ser presentada bajo el pretexto de alegoría. Incluso hombres buenos se dejaron llevar por su errónea simpatía hacia alegorías a fin de formular gran cantidad de opiniones perversas.[7]

Por tanto, Calvino concluyó que los estudiantes de la Palabra de Dios deben "rechazar por completo las alegorías de Orígenes, y de otros como él, las cuales Satanás, con la más profunda sutileza, se ha esforzado por introducir en la Iglesia con el propósito de hacer

---

5. John Calvin, "Dedicatory Letter to Simon Grynaeus", en *Calvin's Commentary on the Epistle to the Romans* (18 de octubre de 1539), 1. Traducción de R. Ward Holder, "The Pauline Epistles", en *Calvin and the Bible*, ed. Donald K. McKim (Nueva York: Cambridge University, 2006), 227.

6. John Calvin, *The Epistles of Paul the Apostle to the Romans and to the Thessalonians*, CNTC, trad. Ross Mackenzie (Grand Rapids: Eerdmans, 1960), 4.

7. John Calvin, "Commentary on 2 Corinthians 3:6", *Corpus Reformatorum*, 50.40-41. Traducción de David Puckett, *John Calvin's Exegesis of the Old Testament* (Louisville, KY: Westminster John Knox Press, 1995), 107.

que la doctrina de las Escrituras sea ambigua y desprovista de toda certeza y firmeza".[8]

Los premilenialistas futuristas expresan de todo corazón declaraciones como estas. Una hermenéutica literal es la base exegética sobre la cual descansa el premilenialismo. Sin embargo, significativamente, Calvino demostró ser *incongruente* en la aplicación de su propio compromiso con la hermenéutica literal, en especial cuando llegó a la profecía de los últimos tiempos. En pasajes del milenio, el reformador abandonó con rapidez su propia hermenéutica literal y en su lugar usó un enfoque alegórico. Según él mismo explicó:

> Cuando los profetas describen el reino de Cristo, comúnmente extraen similitudes de la vida normal de los hombres… Pero tales expresiones son alegóricas y están acomodadas a nuestra ignorancia por el profeta, que sepamos, por medio de esas cosas que son percibidas por nuestros sentidos, esas bendiciones que tienen una excelencia tan grande y sin par que nuestras mentes no pueden comprenderlas.[9]

Por ejemplo, en su comentario sobre Amós 9, Calvino abandonó por completo un enfoque literal del texto, argumentando que el pasaje está lleno de "expresiones metafóricas" y "locuciones figurativas". En opinión de Calvino, el profeta Amós habló de bendiciones físicas para describirle a Israel las "bendiciones espirituales" y la "abundancia espiritual" de la Iglesia. Calvino declaró:

> Si alguien objeta y dice que el profeta no habla aquí alegóricamente, la respuesta está al alcance de la mano, incluso esto: que es una manera de hablar que se encuentra en todas partes en las Escrituras. Que se trata de un estado de felicidad pintado por así decirlo como si estuviera ante nuestros ojos al presentarnos las conveniencias de la vida actual y las bendiciones terrenales.

8. John Calvin, *Genesis*, Crossway Classic Commentaries (1847; reimpresión, Wheaton, IL: Crossway, 2001), 33. Calvino comenta sobre la frase "en Edén" en Génesis 2:8.

9. John Calvin, "Commentary on Isaiah 30:25", *Corpus Reformatorum*, 36.525. Traducción de David Puckett, *John Calvin's Exegesis*, 110.

> Esta realidad puede observarse especialmente en los profetas, puesto que, como ya hemos declarado, acomodaron su estilo a las capacidades de un pueblo tosco y débil.[10]

Pero si Calvino hubiera interpretado Amós 9 y otros pasajes apocalípticos de la misma manera que interpretó el resto de la Biblia, usando la hermenéutica literal que defendió, habría llegado inevitablemente a conclusiones premilenialistas futuras.[11] Después de todo, una hermenéutica literal, coherentemente aplicada, lleva al premilenialismo futurista, algo que los eruditos amilenialistas han admitido francamente a lo largo de los años. En el capítulo 3, Richard Mayhue citó las palabras de Floyd E. Hamilton[12] y O. T. Allis[13] a este respecto. A sus voces podríamos agregar:

> **Herman Bavinck:** "Todos los profetas, con igual vigor y fuerza, anuncian no solamente la conversión de Israel y las naciones, sino también el regreso a Palestina, la reconstrucción de Jerusalén, la restauración del templo, el sacerdocio y la adoración sacrificial, etc. Imágenes de profecía para nosotros, pero una sola imagen del futuro. Y esta imagen bien puede tomarse literalmente según se presenta a sí misma [y como la toman los premilenialistas]... o exige una interpretación muy diferente de la intentada por el quiliasmo [premilenialismo]".[14]

> **William Masselink:** "Si toda profecía debe interpretarse en forma literal, las perspectivas del quiliasmo [premilenialismo futuro] son correctas; pero si puede probarse que

10. John Calvin, *Commentaries on the Twelve Minor Prophets*, trad. John Owen (1846; reimpresión, Grand Rapids: Baker, 1979), 14:410-13. Calvino comenta sobre Amós 9:13-15.

11. Aun con relación a los profetas, Calvino explicó que, en lugar de usar un método alegórico, los intérpretes "deben interpretar con reverencia y seriedad los escritos proféticos y no solo volar por las nubes, sino poner siempre nuestros pies en tierra firme" (John Calvin, "Commentary on Zechariah 6:1-3", *Corpus Reformatorum* 44.202. Traducción de David Puckett, *John Calvin's Exegesis*, 108).

12. Floyd E. Hamilton, *The Basis of the Millennial Faith* (Grand Rapids: Eerdmans, 1942), 38.

13. O. T. Allis, *Prophecy and the Church* (1945; reimpresión Nutley, NJ: Presbyterian and Reformed, 1977), 238.

14. Herman Bavinck, *The Last Things*, ed. John Bolt, trad. John Vriend (Grand Rapids: Baker, 1999).

estas profecías tienen un significado espiritual, entonces el quiliasmo debe rechazarse".[15]

Anthony Hoekema: "Por otro lado, los amilenialistas creen que, aunque muchas profecías del Antiguo Testamento deben interpretarse literalmente, muchas otras deben interpretarse en forma no literal".[16]

Graeme Goldsworthy: "Podría argumentarse que, aunque los detalles pueden ser difíciles de precisar debido a las preferencias proféticas para imágenes poéticas y metáforas, el panorama general es muy claro. En esta base, el literalista afirma que Dios revela por medio de los profetas que su reino viene con el regreso de los judíos a Palestina, la reconstrucción de Jerusalén y la restauración del templo... El literalista debe convertirse en futurista, ya que aún no ha ocurrido un cumplimiento literal de toda la profecía del Antiguo Testamento".[17]

Loraine Boettner, un posmilenialista, se hace eco de sentimientos similares: "En general se acepta que, si las profecías se toman en forma literal, sí predicen una restauración de la nación de Israel en la tierra de Palestina con los judíos teniendo un lugar destacado en ese reino y gobernando sobre las demás naciones".[18]

---

15. William Masselink, *Why Thousand Years?* (Grand Rapids: Eerdmans, 1930), 31.

16. Anthony Hoekema, "Amillennialism", en *The Meaning of the Millennium: Four Views*, ed. Robert G. Clouse (Downers Grove, IL: IVP, 1977), 172. Hoekema también reconoció que un enfoque cronológico al libro de Apocalipsis resulta en premilenialismo: "Por ejemplo, supongamos que el libro de Apocalipsis debe interpretarse en un sentido exclusivamente futurista, refiriéndose tan solo a acontecimientos que deben suceder alrededor de, o en el momento de, la segunda venida de Cristo. Supongamos además que lo que se presenta en Apocalipsis 20 debe necesariamente seguir en orden cronológico, lo cual se describió en el capítulo 19. Nos vemos entonces prácticamente obligados a creer que el reinado de mil años descrito en 20:4 debe venir después del regreso de Cristo descrito en 19:11". Hoekema, "Amillennialism", 156.

17. Graeme Goldsworthy, *Gospel-Centered Hermeneutics* (Downers Grove, IL: IVP, 2006), 170-71.

18. Loraine Boettner, "Postmillennialism", en The Meaning of the Millennium: Four Views, ed. Robert G. Clouse (Downers Grove, IL: IVP, 1977), 95. Otro posmilenialista, Charles Hodge, dice igualmente: "Es posible que no pueda llevarse a cabo la interpretación literal de las profecías del Antiguo Testamento relacionadas con la restauración de Israel y el futuro reinado de Cristo". Charles Hodge, Systematic Theology (1871-1873; reimpresión Grand Rapids: Eerdmans, 1972), 3:809.

Como demuestran estos ejemplos, el premilenialismo futurista es resultado de la aplicación coherente de hermenéutica literal. Aunque Calvino defiende fuertemente el enfoque literal, fue incongruente en la aplicación de esa hermenéutica. Generaciones de teólogos reformados han seguido su ejemplo, adoptando un enfoque alegórico a muchos pasajes proféticos.

Sin embargo, con el debido respeto por el distinguido reformador, no existen buenas razones para cambiar nuestra hermenéutica cuando nos topamos con la profecía bíblica. Debemos interpretar la profecía de la misma manera que interpretamos la historia: tomándola como un registro literal de acontecimientos reales (aunque futuros). J. C. Ryle comentó correctamente:

> Todos estos textos [proféticos] son en mi opinión simples profecías de la segunda venida de Cristo y el reino. Sin embargo, no todas se han cumplido, y todas se cumplirán literal y exactamente. Suelo decir que "se cumplirán literal y exactamente", y lo digo con seriedad. Desde el primer día en que comencé a leer la Biblia con el corazón, nunca he podido ver estos textos, y cientos como ellos, bajo ninguna otra luz. Siempre me pareció que cuando tomamos literalmente los textos que predicen que los muros de Babilonia serán derribados, entonces deberíamos tomar literalmente los textos que predicen que los muros de Sion se reconstruirán (que según la profecía los judíos fueron literalmente dispersos, por lo que según la profecía los judíos serán literalmente reunificados) y que, así como las profecías más pequeñas y minuciosas se cumplieron sobre el tema de la venida a sufrir de nuestro Señor, así también se cumplirán las profecías más minúsculas que describen la venida a reinar de nuestro Señor.[19]

---

19. J. C. Ryle, *Wheat or Chaff?* (Nueva York: Robert Carter & Bros., 1853), 85. Lo mismo se aplica a pasajes como Apocalipsis 20:1-6. Al comentar tal pasaje, John Gill explicó: "El espacio de mil años no debe… tomarse de manera indefinida, sino definida, solo por este número de años exactamente, como se deduce debido a que tiene el artículo prefijado; y a que luego no menos de cuatro veces se le llama *ta jilia eth*, 'los mil años', o estos mil años (Apocalipsis 20:3, NVI), según también se deduce de las cosas que se atribuyen al principio y final de esos años, los cuales fijan la época y el período de ellos…

Como señala Ryle, es incoherente cambiar arbitrariamente nuestro método de interpretación cuando llegamos a la profecía de los últimos tiempos. La propia razón de Calvino para hacer eso se basó en la suposición de que tales profecías aún no se habían cumplido en la historia, por lo que no podían tomarse literalmente.[20] Al rechazar la posibilidad de un cumplimiento futuro, Calvino adoptó el mismo error hermenéutico que denunció: el método alegórico.

No obstante, la hermenéutica alegórica, aunque se use con moderación (como Calvino afirmó haberla utilizado),[21] está llena de peligros porque abre la puerta a una interminable cantidad de posibles interpretaciones espiritualizadas. Por el contrario, el texto debería tomarse al pie de la letra, no en forma literalista rígida, sino según el uso normal del lenguaje. Repitamos una frase excelente de Calvino: "Hágannos saber que el verdadero significado de las Escrituras es el auténtico y sencillo". Si él hubiera aplicado ese principio a todo pasaje bíblico, la historia de la escatología reformada habría sido radicalmente distinta.

Aquellos que siguen la tradición reformada, que sostienen un enfoque literal de la interpretación de la Biblia, deberían ser los principales defensores del premilenialismo futurista. Desde el punto de vista de la hermenéutica, es incongruente que no lo sean.

Escatología y doctrina de elección

Hay una segunda razón de por qué quienes valoran la teología reformada deberían aceptar el premilenialismo futurista, y se centra en la doctrina de la elección.

---

estos años deben entenderse de manera literal y definitiva, como antes, precisamente de un número exacto y un término de años" (John Gill, *Gill's Commentary* [1852; reimpresión Grand Rapids, Baker, 1980], 6:1064-65).

20. David Puckett, *John Calvin's Exegesis*, 113.

21. *Ibíd.* El autor explica que "Calvino indica que la diferencia entre su enfoque y el de los alegoristas es de un grado: él es moderado y ellos excesivos". Herman Bavinck justificó de igual manera su hermenéutica espiritualizada: "El error de la exégesis más antigua [de los alegoristas] no fue la espiritualización como tal, sino el hecho de que intentó asignar un significado espiritual a todos los detalles ilustrativos [de la profecía], en el proceso, como en el caso de las parábolas de Jesús, perdiendo a menudo de vista la idea principal", Bavinck, *The Last Things*, 95.

Los calvinistas son conocidos por su defensa incomparable y su deleite en la doctrina de la elección. Valoran la gracia soberana de Dios con relación a la Iglesia y atesoran su lugar inviolable en el propósito divino desde la predestinación hasta la glorificación. Defienden con agresividad la verdad de la fidelidad de Dios en el cumplimiento perfecto y sin excepción de sus promesas. Comprenden que la elección de la Iglesia es divina, unilateral, incondicional e irrevocable. Sin embargo, es irónico que nieguen lo mismo para la nación elegida de Israel, de modo que las promesas divinas asociadas con la elección de Israel o están perdidas para Israel o son espiritualizadas y transferidas a la Iglesia. Pero tal posición no es bíblicamente defendible. Al fin y al cabo, las Escrituras usan un lenguaje casi idéntico para describir tanto la elección de Israel como de la Iglesia; y ambas elecciones se basan en promesas absolutas del mismo Dios. Por tanto, no podemos negar una sin poner en duda la otra.

Sin embargo, los amilenialistas y posmilenialistas sostienen que, a pesar de haber sido una vez elegida, la nación de Israel fue, debido a su desobediencia, rechazada por Dios y reemplazada por una nueva Israel, la Iglesia. Por eso leemos:

> **William Hendriksen:** "¿Y qué de la nación, concretamente, la antigua Israel no convertida, los rechazadores del Mesías?... En lugar del pueblo del antiguo pacto surgiría (¿no estaba esto ya comenzando a suceder?) 'una nación produciendo su fruto', una iglesia internacional, compuesta tanto de judíos como de gentiles".[22]
>
> **David Hill:** "La nación judía, como entidad corporativa, había perdido ahora su posición de elegida".[23]
>
> **Jack Dean Kingsbury:** "En consecuencia, debido al rechazo de Israel a la predicación del evangelio del reino por parte del Mesías Jesús, el Hijo de Dios, y por sus embajadores,

22. William Hendriksen, *Exposition of the Gospel according to Matthew*, NTC (Grand Rapids: Baker, 1973), 786.
23. David Hill, *The Gospel of Matthew* (Londres: Oliphants, 1972), 301.

Dios retira su reinado de Israel, e Israel deja de ser su pueblo escogido".[24]

R. V. G. Tasker: "Debido al rechazo que le hicieran a Jesús el Mesías, que llegó como el punto culminante de una larga serie de rechazos a los profetas que Dios les había mandado (Mt. 21:35, 36), los antiguos israelitas como tales perdieron el derecho de recibir las bendiciones que pertenecen al reino de Dios. Tales bendiciones en consecuencia se pondrían a disposición de un pueblo menos exclusivo de Dios que contendría gente de todas las razas y naciones (Mt. 21:43); y los asesinos del Hijo de Dios serían destruidos (Mt. 21:41)".[25]

Charles Price: "La enseñanza de Jesús en estas parábolas [Mt. 21:1–22:14] tiene que ver con el rechazo que el pueblo judío hiciera al centro del propósito de Dios en el mundo, y su reemplazo con un nuevo orden: aquellos de todas partes que se identificarán con Cristo y se unirán a Él. Pero la higuera de Israel está maldita".[26]

Declaraciones como estas afirman la teología del reemplazo: la perspectiva de que la nación de Israel fue reemplazada o sustituida por la Iglesia, de modo que la Iglesia es ahora Israel. Paul Enns explica:

> La [teología del reemplazo] es una distinción de la [teología del pacto]. La terminología refleja su enseñanza en que la iglesia reemplazó a Israel en el programa de Dios. Creen que, puesto que Israel rechazó a Jesús como Mesías, Dios reemplazó a Israel por la iglesia. Israel ya no tiene futuro en el programa de Dios. Las promesas que Dios ha hecho a Israel se han cumplido en la iglesia.[27]

---

24. Jack Dean Kingsbury, *Matthew: Structure, Christology, Kingdom* (Filadelfia: Fortress, 1975), 156.
25. R. V. G. Tasker, *The Gospel according to St. Matthew*, TNTC (Grand Rapids: Eerdmans, 1961), 204.
26. Charles Price, *Matthew* (Ross-shire, Escocia: Christian Focus, 1998), 247.
27. Paul Enns, *Compendio Portavoz de teología, ed. rev.* (Grand Rapids: Portavoz, 2020), 524.

En otras palabras, por su desobediencia, la nación perdió su condición elegida como pueblo escogido de Dios, junto con todas las correspondientes bendiciones que le fueron prometidas en el Antiguo Testamento. Aunque los judíos individuales todavía pueden salvarse a través de la Iglesia, Dios terminó con Israel como nación.

No obstante, ¿cómo pueden ser estas cosas? ¿Puede perderse la elección? ¿Pueden anularse las promesas de Dios, incluso por desobediencia de los hombres? ¿No fue la apostasía de Israel parte del plan eterno de Dios?

Aquí es nuevamente donde la teología reformada —coherentemente aplicada— lleva a conclusiones premilenialistas futuristas. De todas las personas que han de ser premilenialistas futuristas, deberían serlo quienes aceptan la elección soberana y las doctrinas de la gracia. Tanto el amilenialismo como el posmilenialismo se adaptan mejor a una perspectiva arminiana, en que puede perderse la elección en función de decisiones y comportamientos humanos. Enseñar que los israelitas, por sus propias acciones voluntarias, podrían renunciar a la elección que Dios les hizo es coherente con el arminianismo, pero no es coherente con la teología reformada. Para quienes comprenden que Dios es soberano, que Él es el único que puede determinar quién será salvo, que solo Él puede salvar, ni el amilenialismo ni el posmilenialismo tienen ningún sentido. Ambas perspectivas enseñan esencialmente que la nación de Israel, por su cuenta, perdió las promesas de Dios.

Cuando observamos en la Biblia la gran realidad de la elección, solo hay cuatro entidades específicas que se mencionan como elegidas: Cristo (Is. 42; 1 P. 2:6), los santos ángeles (1 Ti. 5:21), Israel (Is. 45:4; 65:9, 22) y la Iglesia (2 Ts. 1:1 con 2:13). La elección de Cristo y los ángeles es eterna, como lo es la elección que Dios hizo de la Iglesia. ¿Por qué entonces concluimos que la elección de Israel es temporal, o que podría perderse? Eso es contrario a la misma esencia del carácter fiel de Dios y de su obra soberana de elegir.

Una vez más, podríamos apelar a los escritos de Juan Calvino. En su comentario sobre 1 Corintios, Calvino explica que "todo lo que Dios comienza, lo lleva a cabo hasta su conclusión... Dios es inquebrantable en su propósito. Ya que eso es así, Él por tanto no se burla de nosotros al llamarnos, sino que mantendrá su obra para siempre".[28] Las observaciones de Calvino sobre Romanos 11:28-29 son aún más precisas:

> Dios no olvidó el pacto que había hecho con los antepasados israelitas, y por lo cual testificó que según su propósito eterno amaba a la nación [de Israel]: y esto él [Pablo] lo confirma por medio de esta extraordinaria declaración, de que la gracia del llamado divino no puede anularse... El consejo de Dios, por el cual condescendió una vez al elegirla para sí mismo como una nación peculiar, se mantiene firme e inmutable. Si, por tanto, es totalmente imposible para el Señor salirse del pacto que hizo con Abraham, diciéndole que sería su "Dios, y el de [su] descendencia" (Gn. 17.7), entonces Él no ha apartado por completo su bondad de la nación judía.[29]

Por tanto, incluso Calvino reconoció que la elección divina de Israel no podía deshacerse, a pesar de la incredulidad de la nación.[30]

Aquí, pues, radica el dilema. Si no hay futuro para Israel como nación (según asegura la teología del reemplazo), entonces la elección divina de la nación se ha perdido. Sin embargo, según expresó Calvino esto es imposible "porque irrevocables son los dones y el llamamiento de Dios" (Ro. 11:29). La naturaleza inmutable de la elección garantiza que Dios no abandonará a su pueblo escogido. En palabras de un teólogo protestante histórico:

> No puede haber ninguna duda [es decir, ninguna posibilidad] de que Dios rechazara finalmente a su pueblo elegido, pues tendría que haber rechazado su propia elección (Ro. 11:29),

---

28. John Calvin, *The First Epistle of Paul the Apostle to the Corinthians*, CNTC, trad. John W. Fraser (Grand Rapids: Eerdmans, 1960), 23. Calvino comenta sobre 1 Corintios 1:8.

29. Calvin, *The Epistles of Paul the Apostle to the Romans and to the Thessalonians*, 257. Calvino comenta sobre Romanos 11:29.

30. Siguiendo esta misma dirección, Gerhardus Vos comenta: "Aún permanece reservado aquí para el futuro cierto cumplimiento de la promesa nacional electiva. Israel en su capacidad racial recibirá otra vez en el futuro la gracia salvadora de Dios [Ro. 11.2, 12, 25]". *Biblical Theology: Old and New Testaments* (Grand Rapids: Eerdmans, 1948), 79.

> y de que haya buscado otro pueblo, la Iglesia. Las promesas para Israel siguen siendo promesas de Israel. No se han transferido a la Iglesia. La Iglesia tampoco saca a Israel de su lugar en la historia divina.[31]

No solo hay un remanente de judíos creyentes en la actualidad (como Calvino reconoció), sino la naturaleza irrevocable de los mandatos de elección de que las promesas hechas por Dios a Israel en el pasado aún deben cumplirse en el futuro. Como ya hemos visto, tales promesas deben interpretarse de modo literal. Por eso, el carácter fiel de Dios exige que aún cumpla exactamente lo que prometió a los santos del Antiguo Testamento que haría.

¿Es la Iglesia lo mismo que Israel?

Cuando se aplica de forma coherente, tanto la hermenéutica reformada como la doctrina de la elección nos llevan a conclusiones premilenaristas futuristas. Pero esto hace plantear una pregunta importante sobre la que ha habido mucha confusión en círculos reformados. ¿Enseña la Biblia que la Iglesia es ahora Israel, de manera que las bendiciones prometidas a los santos del Antiguo Testamento se han transferido a la Iglesia del Nuevo Testamento? O ¿es Israel distinto de la Iglesia, de modo que deberíamos esperar que las promesas hechas a Israel en el pasado se cumplan para Israel en el futuro?

La Biblia llama a Dios, "el Dios de Israel" más de doscientas veces. Hay más de dos mil referencias a Israel en las Escrituras. Setenta y siete de ellas ocurren en el Nuevo Testamento, y cada una se refiere al Israel étnico, no a la Iglesia. Es más, el término "Israel" nunca se utilizó para referirse a la Iglesia hasta que Justino Mártir lo hizo en su *Diálogo con Trifón* (alrededor del año 160 d.C.).[32]

Solamente dos pasajes en el Nuevo Testamento se debaten ampliamente con relación al significado del término "Israel": Romanos 9:6

31. Jürgen Moltmann, *The Way of Jesus Christ* (Minneapolis, MN: Fortress Press, 1993), 35.

32. Justino, *Diálogo con Trifón*, 11.5.

y Gálatas 6:16.[33] (Es significativo que, en los otros setenta y cinco casos, los intérpretes están de acuerdo en que el término se refiere al Israel nacional). Pablo observa en Romanos 9:6: "No todos los que descienden de Israel son israelitas". Aunque algunos interpretan esto como una referencia a la Iglesia como un todo, el contexto deja claro que el apóstol está hablando solo de creyentes judíos (un grupo distinto de israelitas étnicos dentro de la nación incrédula mayor). Los versículos anteriores aseguran que Pablo tiene en la mira a descendientes físicos de Abraham cuando escribe el versículo 6. Por ejemplo, el apóstol habla directamente en el versículo 3 de sus "parientes según la carne". Y nada en el contexto sugiere que pase a hablar de cristianos gentiles. Al contrario, "lo importante de toda la sección es que, aunque las promesas de Dios a Israel pueden parecer que han fallado cuando se mira a Israel como un todo, que predominantemente es incrédulo, hay un remanente [de judíos creyentes] dentro de la nación".[34]

En Gálatas 6:16, tanto la gramática como el contexto indican que el "Israel de Dios" se refiere a judíos elegidos y no a toda la Iglesia.[35] En ese versículo, Pablo dice a sus lectores: "A todos los que anden conforme a esta regla, paz y misericordia sea a ellos, y al Israel de Dios". De inmediato se hacen evidentes dos grupos de personas por

33. Al mismo tiempo se debe tener en cuenta que algunos intérpretes sí entienden el uso de Pablo de "Israel" en Romanos 11:26 como una referencia a la iglesia y no al Israel étnico. No obstante, debido a que los otros diez usos de "Israel" en Romanos 9–11 se refieren al Israel étnico (9:6 [2x], 27 [3x], 31; 10:19, 21; 11:2, 7, 25), este punto de vista es poco común incluso entre los amilenialistas. Para un estudio más detallado del uso que Pablo hace de "Israel" en Romanos 11:26, véase Harold W. Hoehner, "Israel in Romans 9–11", en *Israel, the Land and the People: An Evangelical Affirmation of God's Promises*, ed. H. Wayne House (Grand Rapids: Kregel, 1998), 145-67; S. Lewis Johnson, hijo, "Evidence from Romans 9–11", en *A Case for Premillennialism: A New Consensus*, eds. Donald K. Campbell y Jeffrey L. Townsend (Chicago: Moody, 1992), 199-223; Michael G. Vanlaningham, "Romans 11:25-27 and the Future of Israel in Paul's Thought", *The Master's Seminary Journal* 3 (1992): 141-74; Matt Waymeyer, "The Dual Status of Israel in Romans 11:28", *The Master's Seminary Journal* 16 (2005): 57-71.

34. Robert L. Saucy, "Israel and the Church: A Case for Discontinuity", en *Continuity and Discontinuity*, ed. John Feinberg (Wheaton, IL: Crossway, 1988), 245.

35. Incluso quienes interpretan que Gálatas 6:16 se refiere a la Iglesia admiten que "sin duda es verdad que en ninguna otra parte del Nuevo Testamento encontramos el término 'Israel' siendo aplicado a la Iglesia" (Christopher W. Cowan, "Context Is Everything: The 'Israel of God' in Galatians 6:16", *Southern Baptist Journal of Theology* 14:3 [2010]: 80).

la gramática del versículo: "Todos los que anden conforme", que son distintos del "Israel de Dios".[36] Al primer grupo, los cristianos que andan según la instrucción dada a través de la epístola, Pablo extiende la paz de Dios. Pero se reserva una bendición especial específicamente para los judíos creyentes, sabiendo que la misericordia divina deberá mostrarse a aquellos que son elegidos de Dios. El "Israel de Dios" se refiere entonces a judíos étnicos que son circuncidados en sus corazones y no solo físicamente (cp. Ro. 2:28-29). Estos son los verdaderos israelitas, el mismo grupo que Pablo distingue en Romanos 9:6. Como en todos los demás casos en que utiliza el término, Pablo busca que en este versículo "Israel" se refiera a judíos nacionales. Contextualmente, esto proporciona una importante nota de cierre al final de Gálatas, una carta en la que Pablo ha estado refutando sin rodeos a los judaizantes. Aunque el sistema mosaico ya no es vinculante para los creyentes (que es lo que Pablo señala a lo largo de la carta), el apóstol termina observando que, sin embargo, Dios no ha acabado con su pueblo escogido (cp. Ro. 11:1, 26).[37]

Por supuesto, si Dios hubiera rechazado a la nación de Israel, esperaríamos que el pueblo judío se hubiera extinguido. Al igual que los hititas, amorreos, moabitas y todos los demás, los judíos habrían desaparecido de la historia y la nación de Israel no se habría reestablecido. Pero esto no es lo que ha sucedido. Los judíos han sobrevivido milagrosamente e Israel es ahora una vez más una nación. Aunque algunos amilenialistas niegan que esto tenga algún significado escatológico en absoluto, ha hecho que otros hagan una pausa y tomen nota. Según admite el escritor amilenial Kim Riddlebarger:

---

36. Aunque los amilenialistas abogan por un uso explicativo de *kai* en este versículo, esto es muy poco probable. Según Robert Saucy explica: "Este sentido explicativo no es común, especialmente en los escritos de Pablo. Por tanto, a menos que existan sólidas bases contextuales, debe mantenerse el copulativo (es decir, 'y')". Saucy, "Israel and the Church", 246.

37. Para un estudio más detallado de por qué el "Israel de Dios" en Gálatas 6:16 solo puede referirse a judíos, véanse Hans Dieter Betz, *Galatians* (Filadelfia: Fortress Press, 1979), 323; F. F. Bruce, *Galatians*, NIGTC (Grand Rapids: Eerdmans, 1982); Ernest DeWitt Burton, *Galatians*, ICC (Edimburgo: T&T Clark, 1921); S. Lewis Johnson, hijo, "Paul and 'Israel of God'", en *Essays in Honor of J. Dwight Pentecost*, ed. Stanley D. Toussaint y Charles H. Dyer (Chicago: Moody, 1986); Peter Richardson, *Israel in the Apostolic Church* (Cambridge: Cambridge University Press, 1969).

> No podemos repetir las equivocaciones de generaciones anteriores de amilenialistas (como Bavinck y Berkhof) que dijeron que una de las señales seguras de que el dispensacionalismo fuera falso era que los dispensacionalistas seguían prediciendo que Israel se convertiría en nación. Como todos sabemos, Israel se convirtió en nación soberana en 1948 a pesar de las perspectivas contrarias de Berkhof y de Bavinck.[38]

R. C. Sproul ha reconocido similares intereses en el restablecimiento de la nación:

> Recuerdo que me senté en mi porche en Boston en 1967 a observar por televisión a los soldados judíos entrando en Jerusalén, tirando sus armas y corriendo hacia el Muro de los Lamentos, llorando a mares. De inmediato telefoneé a uno de mis queridos amigos, un profesor de teología del Antiguo Testamento, quien no cree que el Israel moderno tenga algún significado en absoluto. Le pregunté: "¿Qué piensas ahora? Desde el año 70 d.C. hasta 1967, casi 1.900 años, Jerusalén ha estado bajo el dominio y control de gentiles, y ahora los judíos han recuperado la ciudad de Jerusalén. Jesús dijo que Jerusalén será pisoteada por los gentiles, hasta que se cumpla la plenitud de los gentiles. ¿Cuál es el significado de eso?". Él respondió: "Voy a tener que repensar esta situación". En realidad, fue sorprendente.[39]

Sin embargo, lo que sigue siendo sorprendente y confuso para los amilenialistas y posmilenialistas calza perfectamente dentro de una comprensión premilenial del futuro. La sobrevivencia de los judíos es exactamente lo que esperaríamos si aplicamos una hermenéutica coherentemente literal a la profecía bíblica y si entendemos que la elección soberana de Dios a Israel es incondicional y distinta de la Iglesia.

---

38. Kim Riddlebarger, "Answers to Questions: Part 2", *The Riddleblog*, http://kimriddlebarger.squarespace.com/answers-to-questions-2/.

39. R. C. Sproul, *The Gospel of God: Romans* (Ross-shire, Escocia: Christian Focus, 1999), 191-92.

En los últimos años, el Espíritu de Dios ha estado moviéndose en la Iglesia estadounidense para revivir una pasión entre su pueblo por las doctrinas de la gracia. Ahora que está redescubriéndose la gloriosa gran altura de la elección soberana en la salvación, también es hora de reestablecer la igualmente gran altura de la gracia soberana para una generación futura de israelitas étnicos en la salvación y en el establecimiento del reino terrenal mesiánico, con el cumplimiento total de todas las promesas de Dios para Israel.

Este capítulo es, pues, un llamado a aquellos de mentalidad reformada para que reconsideren su escatología a la luz de su compromiso con la hermenéutica literal y la doctrina de la elección soberana. El premilenialismo futurista es la única conclusión que puede extraerse de una hermenéutica literal e histórico-gramatical aplicada con coherencia. Además, de todas las personas, los calvinistas deberían afirmar que la elección soberana de Dios no puede perderse, porque los propósitos divinos no pueden frustrarse. Por tanto, las promesas hechas al Israel elegido deben cumplirse en Israel; tal como las promesas hechas a la Iglesia deben cumplirse en nosotros.

Una nota personal sobre el premilenialismo futurista

Creo que es apropiado concluir este capítulo con una nota personal. Mientras más comprendo la soberanía y la gracia de la elección, más claro se me hace el estudio de la escatología. Además, cuanto más estudio las Escrituras, más convencido estoy de la posición premilenial futurista.

Durante los últimos cuarenta años he tenido el maravilloso privilegio de estudiar y predicar cada versículo, cada frase y cada palabra en el Nuevo Testamento. En todo eso he aplicado una hermenéutica literal e histórico-gramatical, tomando la Palabra de Dios en forma literal. Como resultado, una comprensión premilenial futurista de escatología ha tenido que pasar la prueba de todo versículo del Nuevo Testamento. Pero en lugar de estar persuadido en contra del premilenialismo futurista, mi convicción en cuanto a su veracidad solamente se ha fortalecido.

He tenido oportunidades de enseñar el Antiguo Testamento desde

Génesis a través de los Salmos y predicar muchas secciones de los profetas. Trabajar en una Biblia de Estudio también me obligó a filtrar mi escatología a través de cada texto de la Palabra de Dios. Nuevamente, cuando apliqué la hermenéutica literal a cada pasaje, los resultados fueron los mismos.

Por tanto, soy premilenialista futurista por la misma razón que acepto las doctrinas de la gracia. La Palabra de Dios enseña claramente la elección soberana de la Iglesia. Pero igualmente clara es la divina elección soberana de la nación de Israel. Armado con una hermenéutica literal, y totalmente convencido de que la elección de Dios no puede perderse porque sus propósitos no pueden fallar, acepto la escatología premilenial futurista con la misma confianza que acepto una soteriología reformada. Después de todo, estamos obligados a creer lo que las Escrituras revelan. En este caso, una lectura directa de la Palabra de Dios no me deja otra opción.

Capítulo ocho

¿Rechaza el Nuevo Testamento al premilenialismo futurista?[1]

John MacArthur

Hace varias décadas se acuñó el término "exégesis de periódico" y luego se usó como una argucia en contra del premilenialismo futurista.[2] Esta caricatura describe a quienes tienen una creencia premilenial futurista al estudiar con la Biblia en una mano y la última edición del periódico en la otra.

Leer sucesos actuales en la Biblia y luego extraerlos como interpretaciones bíblicas exactas representa una seria acusación de negligencia hermenéutica y exegética. En este capítulo descubriremos que esa acusación no tiene ningún mérito para la gran mayoría de partidarios del premilenialismo futurista. Por el contrario, demostraremos que la

1. Este capítulo se adaptó, en parte, de una charla dictada en la Conferencia de Pastores de 2007 en Grace Community Church, Sun Valley, California. Secciones de este capítulo también se han adaptado de la serie de *Comentarios MacArthur del Nuevo Testamento* publicados por Portavoz.

2. Greg L. Bahnsen, "The Prima Facie Acceptability of Postmillennialism", *The Journal of Reconstruction* III:2 (invierno de 1976-1977): 71-73.

negligencia interpretativa en realidad caracteriza los otros puntos de vista escatológicos en que, sin garantía bíblica, interpretan el Nuevo Testamento en el Antiguo, dando como resultado una escatología que se ajusta a una teología predeterminada. Al hacer eso reinterpretan el Antiguo Testamento en tal manera que nadie antes del tiempo de Cristo habría reconocido esas conclusiones.

Las profecías del Antiguo Testamento, tomadas literalmente, conducen inevitablemente al premilenialismo futurista. Como se observó en el capítulo anterior, este es un punto en el que concuerdan estudiosos amilenialistas y posmilenialistas. Incluso un breve estudio de la profecía del Antiguo Testamento no deja dudas en cuanto a lo que se describe. El premilenialista John Walvoord explica:

> Si se interpreta literalmente, el Antiguo Testamento ofrece una descripción clara de las expectativas proféticas de Israel. Con confianza anunciaron la venida de un Salvador y Libertador, un Mesías que sería Profeta, Sacerdote y Rey. Los israelitas esperaban que el Mesías los liberara de sus enemigos y los acomodara en un reino de justicia, paz y prosperidad sobre una tierra redimida. No está sujeto a discusión que el Antiguo Testamento presente tal descripción, no en textos aislados sino en la declaración constantemente repetida de la mayoría de los profetas. Todos los profetas mayores y prácticamente todos los profetas menores contienen secciones mesiánicas que representan la restauración y la gloria de Israel en este reino futuro. Esto es tan claro para los estudiantes competentes del Antiguo Testamento que prácticamente todas las partes reconocen que el Antiguo Testamento presenta doctrina premilenial si se interpreta literalmente. La interpretación premilenial ofrece el único cumplimiento literal posible para los centenares de versículos de testimonio profético.[3]

En vista de esta realidad histórica, los amilenialistas y posmilenialistas suelen responder en una de dos maneras. Por una parte,

3. John Walvoord, *The Millennial Kingdom* (Grand Rapids: Zondervan, 1959), 114.

algunos afirman que las promesas dadas en el Antiguo Testamento, si se interpretan literalmente, fueron condicionales. Por tanto, cuando la nación rechazó a su Mesías perdió simultáneamente cualquier promesa de un reino futuro. Sin embargo, como se analizó en el capítulo anterior, esta afirmación es contraria a la naturaleza irrevocable de elección divina (Ro. 11:29). El rechazo que Israel hiciera al Mesías fue parte del plan de Dios desde la eternidad pasada, lo cual llevó a la cruz. Esto no alteró el plan divino para ellos como su pueblo escogido. Además, el futuro glorioso de Israel está profetizado en las promesas incondicionales de los pactos abrahámico, davídico y nuevo (por ejemplo, Sal. 89:29-37; Jer. 30:4-11). Dios no podía revocar tales promesas sin retractarse de su propia palabra, lo cual es absolutamente imposible (He. 6:13-18).

Por otro lado, muchos amilenialistas y posmilenialistas responden rechazando la idea de que las promesas milenarias deberían interpretarse en forma literal. En lugar de eso, afirman que muchas profecías del Antiguo Testamento deberían espiritualizarse, de modo que cualquier descripción física de un reino futuro debe entenderse como metáforas de bendición espiritual. Los eruditos amilenialistas justifican este enfoque apelando al Nuevo Testamento, sosteniendo que, si el intérprete empieza allí, llegará a entender el Antiguo Testamento en forma amilenial. El propósito de este capítulo es investigar tal afirmación.

Para hacerlo, es importante entender primero la mentalidad escatológica del antiguo Israel. No hay duda de que los judíos del Antiguo Testamento interpretaban las palabras de los profetas en forma literal. Como resultado, esperaban un reino mesiánico futuro sobre la tierra. La anticipación por esa era dorada únicamente se intensificó a lo largo del período intertestamentario. Así explica un erudito:

> Durante el llamado período intertestamentario se desarrolló un pensamiento en gran parte de la literatura judía acerca de una resurrección venidera y el establecimiento de un "reino milenial"... Por ejemplo, en obras tales como 1 Enoc 6–36, 91–104 y 2 Enoc 33:1, donde se habla de un reino milenial de mil años; Salmos de Salomón 11:1-8 y el Libro de los Jubileos 23:27,

donde nuevamente se consideran mil años; 4 Esdras 7:28-9, donde se especifican cuatrocientos años y el Testamento de Isaac 6–8, donde se hace referencia a un banquete milenial.[4]

Entonces, en el tiempo de Cristo, la expectativa universal del pueblo judío se centraba en el reino terrenal en el cual el Mesías reinaría sobre todas las naciones desde Jerusalén.[5] Esta habría sido la opinión de María cuando escuchó el anuncio de Gabriel en Lucas 1:31-33.[6] Esta fue también la opinión de los discípulos durante su tiempo con Jesús, por lo cual, aunque con motivos egoístas, buscaban la grandeza en el reino (cp. Mt. 20:21; Mr. 10:37; Lc. 22:24).

Al considerar el tratamiento del Nuevo Testamento del tema del milenio, debe hacerse en el contexto de la escatología judía del primer siglo. Si los escritores del Nuevo Testamento rechazaron el premilenialismo futurista que era tan prevalente en su época, esperaríamos que lo denunciaran en forma clara y explícita (tal como hicieron en respuesta a otros temas, igual que el legalismo de los judaizantes). Sería necesaria una condena fuerte y franca para anular la escatología generalizada de los creyentes judíos, basada en la comprensión común de las Escrituras del Antiguo Testamento que les habían transmitido.[7]

---

4. Stanley E. Porter, "Millenarian Thought in the First-Century Church", en *Christian Millenarianism*, ed. Stephen Hunt (Bloomington, IN: Indiana University Press, 2001), 63-64.

5. Compárese con Walvoord, *Millennial Kingdom*, 116. Él escribe: "Se ha señalado que correcta o incorrectamente la expectativa universal de los judíos era que las promesas del reino se cumplirían de manera literal".

6. *Ibíd.*, 116-17. Walvoord comenta: "Sin duda debe quedar claro que María consideraría esta revelación como confirmación de la interpretación literal y el cumplimiento literal del pacto davídico… ¿Sostuvo María por un momento el punto de vista amilenialista? ¿Espiritualizaría ella este pasaje: el trono de David es el trono de Dios en el cielo; el reino es un reino espiritual; Israel es sinónimo de la Iglesia? ¡Sin duda que no! Esto era totalmente extraño a su modo de pensar. Si los amilenialistas tienen razón, María fue tristemente engañada. La profecía del ángel difícilmente podía haberse expresado mejor para confirmar la esperanza judía común, igual que los fundamentos exactos de la posición premilenialista: el cumplimiento literal y terrenal del pacto davídico".

7. A la luz del abrumador testimonio de los profetas del Antiguo Testamento y las expectativas universales de los judíos en tiempos de Jesús, la carga de la prueba radica en los amilenialistas o posmilenialistas para demostrar que el Nuevo Testamento rechaza claramente el premilenialismo futurista.

El hecho de que no exista tal denuncia es muy significativo, especialmente al comparar con pasajes del Nuevo Testamento donde se sostiene la interpretación literal de la profecía del Antiguo Testamento. Además, la referencia más explícita al milenio en todas las Escrituras se encuentra en el Nuevo Testamento, en Apocalipsis 20:1-6. Si el objetivo de los escritores del Nuevo Testamento fue anular la escatología prevalente de su época, como afirma la posición amilenial, hicieron muy mal trabajo, tan mal, en realidad, que las generaciones de padres de la iglesia que les siguieron inmediatamente después entendieron el Nuevo Testamento en una manera claramente premilenial.[8] Como observa un escritor:

> Uno de los testimonios más elocuentes de la verdad premilenial se encuentra en el silencio absoluto del Nuevo Testamento y, para el caso, en los primeros siglos de la Iglesia. Se admite que este punto de vista era universalmente sostenido por los judíos. Se admite también a menudo que la iglesia primitiva era predominantemente premilenial. Pero no hay registro de que se lidiara de alguna manera con controversia. Es increíble que, si los judíos y la iglesia primitiva estaban en tan grave error en su interpretación del Antiguo Testamento y en su expectativa de un reino justo en la tierra seguido por una segunda venida, no hubiera correcciones, y que toda la evidencia debe confirmar en lugar de negar tal interpretación.[9]

En el estudio que sigue consideraremos las enseñanzas de Cristo, Pedro, Pablo y Juan. A cada uno se preguntará si rechazó o no el premilenialismo futurista. Veremos que, en lugar de excluir una interpretación literal de las promesas del Antiguo Testamento, el Nuevo Testamento en realidad *promueve y sostiene* el premilenialismo futurista de los profetas judíos.

---

8. Esto será analizado con mayor detalle en el capítulo 9.
9. Walvoord, *Millennial Kingdom*, 118-19.

¿Rechazó Jesús el premilenialismo futurista?

Aunque Jesús habló a menudo del reino de Dios en sentido general (como el reino en el cual Dios gobierna o la esfera de la salvación), nunca negó la realidad del reino milenial futuro.[10] Es más, su promesa en Mateo 19:28 fue explícitamente premilenial. Les dijo a sus discípulos: "De cierto os digo que en la regeneración, cuando el Hijo del Hombre se siente en el trono de su gloria, vosotros que me habéis seguido también os sentaréis sobre doce tronos, para juzgar a las doce tribus de Israel". Esa promesa fue reiterada la noche antes de su muerte en Lucas 22:28-30: "Vosotros sois los que habéis permanecido conmigo en mis pruebas. Yo, pues, os asigno un reino, como mi Padre me lo asignó a mí, para que comáis y bebáis a mi mesa en mi reino, y os sentéis en tronos juzgando a las doce tribus de Israel". Los discípulos, que tenían en común las expectativas milenarias de sus compatriotas judíos, habrían entendido literalmente esas promesas.

Después de la resurrección, el Señor continuó instruyendo a los discípulos acerca del reino. Lucas, en su breve descripción del período de cuarenta días entre la resurrección y ascensión, explica que este tema era predominante en la enseñanza de Cristo. En Hechos 1:3, Lucas escribe: "A quienes también [los apóstoles], después de haber padecido, se presentó vivo con muchas pruebas indubitables, apareciéndoseles durante cuarenta días y hablándoles acerca del reino de Dios". El mensaje principal de Jesús se refería al reino. Aunque los

---

10. Algunos amilenialistas ven a Juan 18:36 como una negación de un reino terrenal milenario, pero ese no es el caso. Como Paul Benware explica: "Los premilenaristas señalan que hay una diferencia entre ser 'de este mundo' y estar 'en este mundo'. El mismo Jesús hizo esta distinción un capítulo antes (cp. Jn. 17:11-16). El reino de Jesús no sería 'de este mundo', lo cual significa que no será de la misma naturaleza de los reinos de este mundo [no estará relacionado con el actual sistema mundial malvado]. Es un sistema claramente distinto, con el dominio de realidades tales como la paz, la verdad y la justicia. Pero esto no es una negación de que el reino de Cristo esté presente en esa tierra. Cuando Jesús habló con Poncio Pilato (en Jn. 18:36), Él simplemente le estaba diciendo al oficial romano que, dado que su reino era diferente, no sería establecido de la manera que él estaba acostumbrado; es decir, mediante insurrecciones o victorias militares de un ejército disciplinado. Como se describe en Apocalipsis 19, el regreso del Señor traería un repentino y violento final para los reinos de este mundo. Pero el mismo Señor ejecutará el juicio sobre la humanidad. Esto también es el testimonio general de los profetas del Antiguo Testamento" (*Entienda la profecía de los últimos tiempos* [Grand Rapids: Portavoz, 2006], 94).

discípulos se habían caracterizado en el pasado por sus cabezas duras y corazones duros, ese ya no era el caso, porque Cristo "les abrió el entendimiento, para que comprendiesen las Escrituras" (Lc. 24:45).

Al final de este período de cuarenta días, las Escrituras incluyen un pasaje más instructivo relacionado con el reino milenial. Después que Cristo mismo les enseñara acerca del reino, y de habérseles concedido una comprensión sobrenatural de la Palabra de Dios, los discípulos todavía entendían el reino mesiánico en sentido literal y futurista. En Hechos 1:6 preguntaron: "Señor, ¿restaurarás el reino a Israel en este tiempo?". En sus mentes, tras intensiva instrucción sobre el tema por parte del mismo Cristo resucitado, las promesas milenarias del Antiguo Testamento aún debían entenderse como literalmente ciertas. La única pregunta que tenían era *cuándo* sucederían estas cosas.

Es importante notar la manera en que Jesús les respondió la inquietud: "Les dijo: No os toca a vosotros saber los tiempos o las sazones, que el Padre puso en su sola potestad" (v. 7). Es significativo que Cristo no condenara o corrigiera las expectativas milenarias que ellos tenían. No les rechazó su entendimiento de la *naturaleza* del reino. En lugar de eso, simplemente explicó que no les correspondía saber la *fecha* de ese reino futuro.

Durante los cuarenta días que Jesús pasó con sus discípulos, hablando sobre asuntos pertenecientes al reino, sin duda pudo haberles enseñado que solo se trataba de un reino espiritual. Después de abrirles los ojos para que comprendieran las Escrituras, el Señor pudo haberles explicado que los profetas del Antiguo Testamento deberían ser interpretados en forma no literal. Pero no lo hizo. Al final de este período, los discípulos aún estaban convencidos de que el reino sería literalmente restaurado a la nación de Israel. Si Cristo hubiera querido corregir esa idea, este habría sido el momento de hacerlo. Por el contrario, no hizo nada de eso. Se negó a contestarles la pregunta acerca de los tiempos del reino, pero no les rechazó la comprensión que tenían de la naturaleza de dicho reino.

La respuesta de Cristo indica que la expectativa de los apóstoles sobre un reino terrenal literal reflejaba las enseñanzas que les había dado y el plan de Dios revelado claramente en el Antiguo Testamento. Pero el tiempo del reino aún era futuro. Mientras tanto, el Señor tenía una misión específica para los discípulos, la cual era ser sus "testigos en Jerusalén, en toda Judea, en Samaria, y hasta lo último de la tierra" (Hch. 1:8).

¿Rechazó Pedro el premilenialismo futurista?

Del testimonio de Cristo pasamos a los testimonios posteriores a Pentecostés de parte de los apóstoles. Hechos 1:6 indica que los discípulos retuvieron sus expectativas premileniales después de la resurrección. Pero ¿qué pasó después del Día de Pentecostés? ¿Les cambió su entendimiento de la profecía del Antiguo Testamento el establecimiento de la Iglesia en Hechos 2?

El sermón de Pedro en Hechos 3 indica justo lo contrario, es decir, que los apóstoles todavía esperaban un cumplimiento literal de la profecía milenaria incluso después que la Iglesia naciera. Tras curar a un cojo (Hch. 3:6-7), Pedro comenzó a predicar en el templo. Lucas relata el sermón en Hechos 3:12-26. En medio de su mensaje, Pedro les dijo a sus oyentes judíos: "Dios ha cumplido así lo que había antes anunciado por boca de todos sus profetas, que su Cristo había de padecer. Así que, arrepentíos y convertíos, para que sean borrados vuestros pecados; para que vengan de la presencia del Señor tiempos de refrigerio, y él envíe a Jesucristo, que os fue antes anunciado; a quien de cierto es necesario que el cielo reciba hasta los tiempos de la restauración de todas las cosas, de que habló Dios por boca de sus santos profetas que han sido desde tiempo antiguo" (vv. 18-21).

Pedro resaltó dos aspectos importantes en esos pocos versículos. Primero, enfatizó que las profecías del Antiguo Testamento acerca de la primera venida de Jesús se cumplieron literalmente (v. 18); por tanto, los judíos también debían esperar que se cumplieran en forma literal las profecías sobre la segunda venida de Cristo (vv. 20-21). Segundo, Pedro usó lenguaje milenial, indicando que estaba hablando del reino terrenal esperado por su audiencia judía. Frases como "tiempos de refrigerio" y "los tiempos de la restauración de todas las cosas" son milenarias, y toman imágenes prestadas del Antiguo Testamento que los oyentes de Pedro habrían reconocido fácilmente.

Por ejemplo, Ezequiel dijo que el reino milenial sería un tiempo de "lluvias de bendición" (34:26). Joel lo describió como un tiempo de saciedad (2:26). Isaías lo vio como una era en que "aguas serán cavadas en el desierto... El lugar seco se convertirá en estanque, y el sequedal en manaderos de aguas" (35:6-7) y Dios proporcionará "agua abundante para su sed" (44:3, NBV). Isaías 11:6-10 describe el descanso pacífico del reino en estas conocidas palabras:

> Morará el lobo con el cordero, y el leopardo con el cabrito se acostará; el becerro y el león y la bestia doméstica andarán juntos, y un niño los pastoreará. La vaca y la osa pacerán, sus crías se echarán juntas; y el león como el buey comerá paja. Y el niño de pecho jugará sobre la cueva del áspid, y el recién destetado extenderá su mano sobre la caverna de la víbora. No harán mal ni dañarán en todo mi santo monte; porque la tierra será llena del conocimiento de Jehová, como las aguas cubren el mar. Acontecerá en aquel tiempo que la raíz de Isaí, la cual estará puesta por pendón a los pueblos, será buscada por las gentes; y su habitación será gloriosa.

"Los tiempos de la restauración de todas las cosas" es otra expresión para el futuro reinado terrenal de Cristo, el reino milenial. Es una reminiscencia de la descripción que nuestro Señor hizo del reino como "la regeneración" (Mt. 19:28). Es entonces cuando se responderá la pregunta de los apóstoles en Hechos 1:6 (cp. Mr. 9:12). El reino se caracterizará por paz, gozo, santidad, revelación de la gloria de Dios, consuelo, justicia, conocimiento del Señor, salud, prosperidad y libertad de la opresión. El universo se alterará dramáticamente en su forma física (Jl. 2:30, 31; 3:14-16; Ap. 16:1-21) cuando sea revertida la maldición sobre el ser humano y su mundo.

Pedro concluyó su sermón en Hechos 3 afirmando la realidad de que los judíos todavía eran la nación escogida de Dios cuando declaró: "Vosotros sois los hijos de los profetas, y del pacto que Dios hizo con nuestros padres, diciendo a Abraham: En tu simiente serán benditas todas las familias de la tierra" (v. 25). En lugar de negar un futuro para el Israel nacional, Pedro sostuvo y afirmó un entendimiento literal de tales promesas del Antiguo Testamento, haciendo notar que se cumplirían tan literalmente como las profecías relacionadas con la primera venida de Cristo. Al escucharlo predicar, su audiencia judía habría sabido exactamente lo que el apóstol quería decir.

¿Rechazó Pablo el premilenialismo futurista?

Como apóstol a los gentiles, Pablo quizás tuvo el mayor incentivo para negarle un reino futuro al Israel nacional cuando predicaba el evangelio a audiencias no judías a lo largo del Imperio romano. Sin embargo, ¿qué les dijo predominantemente a sus oyentes gentiles en Romanos 3:1-4?

> ¿Qué ventaja tiene, pues, el judío? ¿O de qué aprovecha la circuncisión? Mucho, en todas maneras. Primero, ciertamente, que les ha sido confiada la palabra de Dios. ¿Pues qué, si algunos de ellos han sido incrédulos? ¿Su incredulidad habrá hecho nula la fidelidad de Dios? De ninguna manera; antes bien sea Dios veraz, y todo hombre mentiroso; como está escrito: Para que seas justificado en tus palabras, y venzas cuando fueres juzgado.

El hecho de que algunos judíos fueran infieles (cp. Ro. 9:6), como lo fue toda la generación que rechazó a su Mesías, no anula la fidelidad de Dios ni sus promesas para la nación. Pablo preguntó retóricamente en Romanos 11:1: "¿Ha desechado Dios a su pueblo? En ninguna manera". El apóstol continuó explicando este punto en los versículos 25-29, donde escribió:

> No quiero, hermanos, que ignoréis este misterio, para que no seáis arrogantes en cuanto a vosotros mismos: que ha acontecido a Israel endurecimiento en parte, hasta que haya entrado la plenitud de los gentiles; y luego todo Israel será salvo, como está escrito: Vendrá de Sion el Libertador, que apartará de Jacob la impiedad. Y este será mi pacto con ellos, cuando yo quite sus pecados. Así que en cuanto al evangelio, son enemigos por causa de vosotros; pero en cuanto a la elección, son

> amados por causa de los padres. Porque irrevocables son los dones y el llamamiento de Dios.

En el contexto, "todo Israel" debe entenderse precisamente así: una generación futura de judíos étnicos que comprenderá toda la nación de Israel en el principio del reino milenial. El punto de vista amilenial común de que "todo Israel" se refiere solo a un remanente redimido durante la era de la Iglesia le hace injusticia al texto. La declaración de Pablo acerca de todo Israel se encuentra en claro contraste con lo que ya ha dicho sobre el remanente judío creyente al que el Señor siempre ha preservado para sí mismo. Por ejemplo, el hecho de que solo *algunas* de las ramas (judíos incrédulos) "fueron desgajadas" (v. 17) claramente indica que un remanente de judíos creyentes (los no desgajados) seguirá existiendo mientras se completa la plenitud de los gentiles. Estos son judíos redimidos que no forman parte del endurecimiento espiritual que ha venido sobre Israel debido a que rechazaron a su Mesías (v. 25).

Antes que todo Israel sea salvo, sus miembros incrédulos e impíos serán separados por la mano infalible de juicio de Dios (Ez. 20:33-38; Dn. 12:10; Zac. 13:8-9). Aquellos que oyen la predicación de los ciento cuarenta y cuatro mil (Ap. 7:1-8; 14:1-5), de otros convertidos (Ap. 7:9), de los dos testigos (Ap. 11:3-13) y del ángel (Ap. 14:6) y que por tanto pasan con seguridad bajo la vara del juicio de Dios, incluirán a todo Israel, el cual (en cumplimiento de la soberana e irrevocable promesa de Dios) será totalmente una nación de creyentes que estarán listos para el reino del Mesías Jesús. Entonces, las promesas del nuevo pacto se cumplirán final y completamente:

> He aquí que vienen días, dice Jehová, en los cuales haré nuevo pacto con la casa de Israel y con la casa de Judá. No como el pacto que hice con sus padres el día que tomé su mano para sacarlos de la tierra de Egipto; porque ellos invalidaron mi pacto, aunque fui yo un marido para ellos, dice Jehová. Pero este es el pacto que haré con la casa de Israel después de aquellos días, dice Jehová: Daré mi ley en su mente, y la escribiré en su corazón; y yo seré a ellos por Dios, y ellos me serán

> por pueblo. Y no enseñará más ninguno a su prójimo, ni ninguno a su hermano, diciendo: Conoce a Jehová; porque todos me conocerán, desde el más pequeño de ellos hasta el más grande, dice Jehová; porque perdonaré la maldad de ellos, y no me acordaré más de su pecado (Jer. 31:31-34; cp. 32:38).

El control que Dios tiene de la historia evidencia irrefutablemente su soberanía. Y tan cierto como que cortó al Israel incrédulo de su árbol de salvación, sin duda injertará otra vez al Israel creyente: una nación completamente restaurada y salvada. Tal como la plenitud de los gentiles iniciará la salvación de Israel, la salvación de Israel iniciará el reino milenial de Jesucristo.

Como experto en el Antiguo Testamento, Pablo conocía íntimamente las promesas que Dios le había dado a Israel. En Romanos 3 y 11, el apóstol dejó muy claro que creía que esas promesas aún se cumplirían literalmente en el futuro.

¿Rechazó Juan el premilenialismo futurista?

Quienquiera que afirme que el apóstol Juan negó un reino milenial literal y futuro debe tratar primero con Apocalipsis 20:1-6. (Para más sobre este pasaje, véanse los capítulos 3 y 6 de esta obra). El texto no podría ser más claro. Consideremos las palabras de Juan, escribiendo desde su exilio en Patmos, cuando alentó a sus lectores con la esperanza futura que tenían:

> Vi a un ángel que descendía del cielo, con la llave del abismo, y una gran cadena en la mano. Y prendió al dragón, la serpiente antigua, que es el diablo y Satanás, y lo ató por mil años; y lo arrojó al abismo, y lo encerró, y puso su sello sobre él, para que no engañase más a las naciones, hasta que fuesen cumplidos mil años; y después de esto debe ser desatado por un poco de tiempo. Y vi tronos, y se sentaron sobre ellos los que recibieron facultad de juzgar; y vi las almas de los decapitados por causa del testimonio de Jesús y por la palabra de Dios, los que no habían adorado a la bestia ni a su imagen, y

> que no recibieron la marca en sus frentes ni en sus manos; y vivieron y reinaron con Cristo mil años. Pero los otros muertos no volvieron a vivir hasta que se cumplieron mil años. Esta es la primera resurrección. Bienaventurado y santo el que tiene parte en la primera resurrección; la segunda muerte no tiene potestad sobre éstos, sino que serán sacerdotes de Dios y de Cristo, y reinarán con él mil años.

El pasaje enseña inequívocamente que el regreso de Cristo precede al reino milenial, un escenario incompatible con el posmilenialismo y el amilenialismo, pero exactamente lo que enseña el premilenialismo futurista. A fin de evitar la cronología imposible que Apocalipsis plantea para las perspectivas de los posmilenialistas y amilenialistas, estos deben negar que el capítulo 20 sigue cronológicamente al 19.[11] Pero tal negación pasa por alto el significado cronológico de "y vi" (vv. 1, 4, 11; cp. Ap. 6:1, 2, 5, 8, 12; 7:2; 8:2, 13; 9:1; 10:1; 13:1, 11; 14:1, 6, 14; 15:1; 16:13; 17:3; 19:11, 17, 19; 21:1), así como la continuidad del contexto. Después de tratar con el anticristo y el falso profeta en el capítulo 19, en el 20, Cristo trata con el amo malvado de ellos, Satanás. ¿Por qué rechazar tan obvia cronología? La motivación principal parece ser evitar las conclusiones premileniales futuristas, dado que falta una convincente justificación bíblica de lo contrario.

La duración del período durante el cual Satanás será atado se define como mil años, la primera de seis referencias precisas e importantes a la duración del milenio (cp. Ap. 20:3, 4, 5, 6, 7). La atadura de Satanás plantea una seria dificultad tanto para posmilenialistas como amilenialistas. Estos últimos sostienen que Satanás ya está atado, ya que, según se indicó anteriormente, creen que ya estamos

11. Como admite el amilenialista Anthony Hoekema, "La interpretación premilenialista de estos versículos se entiende que los mismos describen un reinado de Cristo de mil años sobre la tierra, que será posterior a su segunda venida. Y lo cierto es que ha habido una referencia a la segunda venida de Cristo en el capítulo anterior (19:11-16). Entonces, si uno piensa que Apocalipsis 20 expone lo que sigue cronológicamente a lo que fue descrito en el capítulo 19, uno seguramente llegará a la conclusión que el milenio de Apocalipsis 20:1-6 vendrá después del regreso de Cristo" (*La Biblia y el futuro* [Grand Rapids: Libros Desafío, s.f.], 184-85). Para una defensa adicional en cuanto a tomar Apocalipsis 19 y 20 en orden cronológico, véase "Cronología de las visiones de Juan" en el capítulo 6 de esta obra.

en el milenio (aunque no lo ven como mil años literales de duración). Muchos posmilenialistas también creen que Satanás actualmente está atado, porque de lo contrario sería difícil ver cómo la Iglesia podría marcar el comienzo del milenio. No obstante, la descripción bíblica de la actividad de Satanás en la época actual hace imposible creer que ya haya sido atado. Satanás planta hipócritas mentirosos en la Iglesia (Hch. 5:3), conspira contra creyentes (2 Co. 2:11; Ef. 6:11), se disfraza como ángel de luz para engañar a las personas (2 Co. 11:14), ataca a los creyentes (2 Co. 12:7; Ef. 4:27), es alguien a quien debe resistirse (Stg. 4:7), obstaculiza a quienes están en el ministerio (1 Ts. 2:18) y descarría a creyentes (1 Ti. 5:15).

Los amilenialistas y posmilenialistas generalmente sostienen que Satanás fue atado en la cruz, y que su atadura simplemente significa que ya no puede engañar a las naciones para evitar que aprendan la verdad de Dios. Pero Satanás no impidió a las naciones gentiles el conocimiento de la verdad antes de supuestamente ser atado en la cruz. Los egipcios oyeron sobre el Dios verdadero de boca de José y los israelitas durante los cuatrocientos años que estos vivieron en Egipto. Los asirios de Nínive no solo oyeron la verdad de parte de Jonás, sino que también se arrepintieron (Mt. 12:41). La reina de Sabá oyó hablar a Salomón acerca del Dios verdadero (1 R. 10:1-9); los babilonios oyeron de parte de Daniel y sus amigos judíos; y los persas oyeron por boca de Ester, Mardoqueo y Nehemías. Además, ya que ciega las mentes de los incrédulos ¿en qué sentido se está impidiendo en la era actual que Satanás engañe a las naciones (2 Co. 4:4), que opere ahora "en los hijos de desobediencia" (Ef. 2:2) y que mantenga cautivos a los incrédulos (2 Ti. 2:26) en el reino que le pertenece (Col. 1:13)?

Las Escrituras testifican que Satanás no está atado en esta era actual, pero que lo estará durante el reino terrenal venidero del Señor Jesucristo. Solo entonces el diablo será encarcelado en el abismo, que será cerrado y sellado para que ya no pueda engañar a las naciones (cp. Is. 24:21-22). La actividad de Satanás en el mundo no será simplemente restringida, sino que estará totalmente limitada; no se le permitirá influir de ninguna manera en el mundo.

Teniendo a Satanás, sus huestes demoníacas y todos los pecadores que rechazan a Dios totalmente apartados, se establecerá el reino milenial de paz y justicia. El gobernante supremo en ese reino será, desde luego, el Señor Jesucristo. Solo Él es "REY DE REYES Y SEÑOR DE SEÑORES" (Ap. 19:16), "y el Señor Dios le dará [solo a Él] el trono de David su padre" (Lc. 1:32). Pero ha prometido compasivamente que sus santos reinarán con Él (Ap. 2:26-27). Gobernarán de manera subordinada sobre cada aspecto de la vida en el reino, y al ser glorificados y perfeccionados, llevarán perfectamente a cabo la voluntad divina.

En esta visión, Juan ve el panorama del pueblo de Dios resucitado, recompensado y reinando con Cristo. Ve tronos que simbolizan autoridad tanto judicial como de realeza, con el pueblo de Dios en dichos tronos, recibiendo poder para juzgar. Los santos glorificados harán cumplir la voluntad de Dios y decidirán sobre disputas. Política y socialmente, el gobierno de Cristo y sus santos será universal (Sal. 2:6-8; Dn. 2:35), absoluto (Sal. 2:9; Is. 11:4) y justo (Is. 11:3-5). Espiritualmente, el gobierno de los santos será un tiempo en que el remanente incrédulo de Israel se convierte (Jer. 30:5-8; Ro. 11:26) y la nación es restaurada a la tierra que Dios le prometió a Abraham (Gn. 13:14-15; 15:18). Será una época en que las naciones gentiles también adorarán al Rey (Is. 11:9; Mi. 4:2; Zac. 14:16). El gobierno milenial de Cristo y los santos se caracterizará por presencia de justicia, paz (Is. 32:17) y gozo (Is. 12:3-4; 61:3, 7). Físicamente será un tiempo en que la maldición se levanta (Is. 11:7-9; 30:23-24; 35:1-2, 7), en el que habrá alimento en abundancia (Jl. 2:21-27) y en el que habrá salud y bienestar físico (Is. 33:24; 35:5-6), lo cual llevará a una larga vida (Is. 65:20).

Aunque los amilenialistas intentan rechazar el premilenialismo futurista como una simple enseñanza del Antiguo Testamento, la realidad es que el pasaje más explícito en el milenio se encuentra en el último libro del Nuevo Testamento. Tomado literalmente, es imposible hacer caso omiso al significado de las palabras de Juan. Walvoord observa:

> Aunque sometido a todo tipo de abuso académico e interpretaciones divergentes, si se toma en su intención pura, el Apocalipsis proporciona un bosquejo simple de verdad

> premilenial: primero un tiempo de gran tribulación, luego la segunda venida, el encarcelamiento de Satanás, la liberación y bendición de los santos, un gobierno justo sobre la tierra durante mil años, seguido por los juicios finales y cielo nuevo y tierra nueva.[12]

En resumen

El centro del debate milenial está realmente en el Nuevo Testamento. Casi todos reconocen que el Antiguo Testamento enseña premilenialismo futurista, al menos si sus promesas se interpretan en forma literal. Los judíos de tiempos antiguos o del periodo intertestamentario ciertamente entendían que esas promesas eran literales. Esperaban que el reino mesiánico fuera un reino terrenal, un tiempo de gran bendición física y paz política en el mundo. La cuestión es entonces si los escritores del Nuevo Testamento rechazaron alguna vez o no esa perspectiva. Y la respuesta simple es que no lo hicieron.

En realidad hicieron lo contrario. Cuando se ajusta a sus propósitos hablar de los tratos de Dios, ellos resaltaron el hecho de que Dios no ha acabado con la nación. Las promesas del Antiguo Testamento aún no se han cumplido, pero un día se cumplirán en la misma manera que la profecía bíblica se cumplió en la primera venida de Cristo. Además, el Nuevo Testamento especifica la duración del tiempo, mil años, que el reino milenial perdurará antes que termine la historia de la tierra y empiece el estado eterno. Armados con la confianza de que todas las promesas de Dios se cumplirán realmente, los creyentes pueden esperar el futuro glorioso —tanto en el reino milenial como más allá— que espera a todos los que han puesto su fe en Jesucristo.

---

12. Walvoord, *Millennial Kingdom*, 118.

Capítulo nueve

¿Creía la iglesia primitiva en un reino milenial literal?

Nathan Busenitz

El testimonio de los padres de la Iglesia, aunque sin carácter oficial, es particularmente instructivo con relación a cómo las primeras generaciones de cristianos entendían las enseñanzas de los apóstoles.[1] Su testimonio es útil sobre muchos temas teológicos, incluso la escatología. Como se sugirió en el capítulo 8, si el Nuevo Testamento sostiene un reino milenial terrenal futuro, entonces esperaríamos que el premilenialismo sea el punto de vista predominante en los escritos de los padres de la iglesia primitiva. Y eso es exactamente lo que encontramos.

Hablando de los padres de la Iglesia, el notable historiador de la iglesia del siglo XIX, Philip Schaff, escribió:

> Lo más sorprendente en la escatología de la era ante nicena [es decir, antes del 325 d.C.] es el destacado quiliasmo o

1. Larry V. Crutchfield, "Israel and the Church in the Ante-Nicene Fathers", *Bibliotheca Sacra* 575 (julio a septiembre de 1987): 254-76, y Martin Erdmann, *The Millennial Controversy in the Early Church* (Eugene, OR: Wipf and Stock, 2005) proporcionan estudios excepcionalmente útiles sobre este tema.

> milenarismo, que es la creencia de un reinado visible de Cristo en gloria sobre la tierra con los santos resucitados durante mil años, antes de la resurrección y el juicio general. Esta no era en realidad la doctrina de la Iglesia encarnada en ningún credo o forma de devoción, sino una opinión ampliamente actual de distinguidos maestros como Bernabé, Papías, Justino Mártir, Ireneo, Tertuliano, Metodio y Lactancio.[2]

Otros eruditos, incluso no premilenialistas, han reconocido la prominencia de la perspectiva premilenial en la iglesia primitiva posterior a la era apostólica.

> **William Alger:** "Casi todos los primeros padres creían y buscaban un milenio, un reinado de Cristo en la tierra con sus santos durante mil años".[3]

> **William Masselink:** "La concepción quiliástica [premilenial] encontró aceptación inmediata en la Iglesia Cristiana... La historia apostólica nos muestra que muchos de los antiguos padres de la iglesia se inclinaban por esta opinión".[4]

> **Donald K. McKim:** "La escatología de los primeros teólogos [patrísticos] con relación al reino de Dios se caracterizó por el desarrollo del *quiliasmo*, un término que se refiere al reinado de mil años de Cristo (Ap. 20:1-10) relacionado con su segunda venida, la resurrección de los muertos y el juicio final".[5]

---

2. Philip Schaff, *History of the Christian Church: Ante-Nicene Christianity* (Edimburgo: T & T Clark, 1884), 614. Schaff también menciona algunos padres posteriores (tercer siglo) de la iglesia que se oponían al premilenialismo. Pero los primeros padres de la iglesia (del primer y segundo siglos) fueron predominantemente premilenialistas.
3. William Alger, *The Destiny of the Soul: A Critical History of the Doctrine of a Future Life* (Boston: Roberts Brothers, 1880), 403.
4. William Masselink, *Why Thousand Years?* (Grand Rapids: Eerdmans, 1930), 26. Compárese con J. Daniel Hays: "Muchos de los padres de la iglesia primitiva creían que Cristo regresaría para establecer su reino milenial antes del juicio final y el estado eterno" (*The Message of the Prophets* [Grand Rapids: Zondervan, 2010], 88).
5. Donald K. McKim, *Theological Turning Points* (Louisville, KY: John Knox, 1988), 155.

> **Stanley Grenz:** "En las cercanías de Éfeso, la ubicación de las siete iglesias a las que se refiere el libro de Apocalipsis (ahora Turquía occidental), se desarrolló una tradición milenaria que tiene ciertas características en común con el premilenialismo moderno. Esta tradición se enfocaba en las bendiciones materiales que acompañarán al gobierno futuro de Cristo sobre la tierra física renovada después de la resurrección al final de esta era".[6]

> **Roger E. Olson:** "Agustín desarrolló [en el siglo IV] lo que se ha llegado a conocer como *amilenialismo,* mientras que la mayoría de los primeros padres de la iglesia eran premilenialistas".[7]

> **Christopher Rowland:** "El libro de Apocalipsis ofrece un ejemplo de teología que está en el núcleo de la primera convicción cristiana en lugar de estar marginada a ella. Las creencias milenarias todavía se creyeron ampliamente desde el siglo segundo en adelante, como se evidencia en los escritos de Justino Mártir, Ireneo, Hipólito, Tertuliano y Lactancio".[8]

Al resumir la evidencia histórica de una perspectiva premilenial futurista, Leon J. Wood explicó:

> Existe un consenso general entre los estudiosos de que la opinión de la iglesia primitiva era premilenial. Es decir, los cristianos sostenían que Cristo gobernaría sobre un reino terrenal literal durante mil años, apoyado por los santos arrebatados. No se sabe que ningún padre de la iglesia en los dos primeros siglos haya discrepado con este punto de vista. Los siguientes pueden enumerarse como que estaban a favor: del

---

6. Stanley Grenz, *The Millennial Maze* (Downers Grove, IL: IVP, 1992), 38.
7. Roger E. Olson, *The Westminster Handbook to Evangelical Theology* (Louisville, KY: Westminster John Knox, 2004), 171.
8. Christopher Rowland, "The Eschatology of the New Testament Church", en *The Oxford Handbook of Eschatology,* ed. Jerry L. Walls (Nueva York: Oxford University Press, 2008), 68-69.

> primer siglo: Aristión, Juan el Presbítero, Clemente de Roma, Bernabé, Hermas, Ignacio, Policarpo y Papías; del segundo: Potino, Justino Mártir, Melito, Hegesipo, Tatiano, Ireneo, Tertuliano e Hipólito.[9]

En este capítulo se estudiarán brevemente los escritos de algunos de estos primeros líderes cristianos, permitiéndoles que expresen sus puntos de vista premileniales en sus propias palabras. Luego se analizará el surgimiento del amilenialismo en la historia de la iglesia primitiva.

Primeras voces premileniales

Uno de los primeros y más importantes premilenialistas en la iglesia primitiva fue Papías, obispo de Hierópolis (*ca.* 60-135). Aunque los escritos de Papías se han extraviado, algunas de sus enseñanzas han sobrevivido en los escritos de Ireneo (*ca.* 130-202) y Eusebio (*ca.* 263-339). En un pasaje ampliado, Ireneo expresó la posición escatológica de Papías:

> La bendición profetizada pertenece sin duda alguna a los tiempos del reino, cuando los justos resucitarán de los muertos y gobernarán, y la creación renovada y libre producirá rocío del cielo, fertilidad del suelo y abundancia de alimentos de todo tipo. Así que los ancianos que vio Juan, el discípulo del Señor, recordaron haber oído decir cómo el Señor solía enseñar acerca de esos tiempos, manifestando: "Vendrán días en que brotarán vides, cada una con diez mil ramas; y en una sola rama habrá diez mil ramas… Así también los frutos y las semillas restantes, además de la vegetación, producirán

9. Leon J. Wood, *The Bible and Future Events* (Grand Rapids: Zondervan, 1973), 35. Compárese con James Stitzinger, "The Rapture in Twenty Centuries of Biblical Interpretation", *The Master's Seminary Journal* 13/2 (otoño de 2002): 155. "Un estudio superficial de los padres de la iglesia primitiva revela que fueron predominantemente premilenialistas o quiliastas. Claros ejemplos en los escritos de Bernabé (*ca.* 100-150), Papías *ca.* 60-130), Justino Mártir (110-165), Ireneo (120-202), Tertuliano (145-220), Hipólito (*ca.* 185-236), Cipriano (200-250) y Lactancio (260-330) hacen que esta comprensión sea imposible de cuestionar con éxito".

> en proporciones similares. Y todos los animales que comen este alimento extraído de la tierra vivirán en paz y armonía unos con otros, rindiéndose en sumisión total a los humanos". Papías también, un hombre de la antigüedad que escuchó a Juan y fue compañero de Policarpo, ofrece un relato escrito de estas cosas en el cuarto de sus libros.[10]

Eusebio, historiador de la iglesia del siglo IV, igualmente registró la opinión premilenial de Papías. En su *Historia eclesiástica* escribió:

> Así pues, Papías, de quien nos estamos ocupando ahora, reconoce que las palabras de los apóstoles las recibió de los que siguieron estando con ellos, pero dice que él escuchó personalmente a Aristión y a Juan el anciano; según esto, hace mención de ellos a menudo en sus escritos y también expone sus tradiciones... Una de ellas dice que después de la resurrección de los muertos habrá un milenio, cuando se establecerá corporalmente el reino de Cristo sobre esta misma tierra.[11]

El testimonio de Papías es significativo, no solo porque está muy cerca del tiempo de los apóstoles sino también porque es probable que Papías derivara su información directamente del apóstol Juan, o por lo menos de los discípulos de Juan. Además, su perspectiva refleja "la tradición cristiana primitiva que se basa en su herencia judía, así como la tradición de la enseñanza de Jesús y del Apocalipsis de Juan, como parte integral de su descripción de las glorias venideras".[12]

Justino, el prominente apologista del siglo II (aprox. 100-165), sostuvo igualmente una perspectiva premilenial. A Justino se le considera "el apologista griego más importante del siglo II y una de las

---

10. Ireneo *Contra las herejías*, 5.33.3-4. Bart D. Ehrman, traducción, *The Apostolic Fathers* (Harvard: Loeb Classical Library, 2005), 2:93-95.

11. Eusebio, *Historia eclesiástica*, 3.39.7, 12. https://sumateologica.files.wordpress com/2010/02/eusebio_de_cesareia_historia_eclesiastica.pdf, consultado el 20-06-2019.

12. Andrew Chester, *Messiah and Exaltation* (Tübingen, Alemania: Mohr Siebeck, 2007), 425.

personalidades más nobles de la literatura cristiana primitiva".[13] Tras convertirse al cristianismo, Justino dedicó su vida a defender la fe cristiana. Enseñó en Éfeso y otras partes de Asia Menor antes de mudarse a Roma, donde estableció un centro de preparación cristiana.

En su *Diálogo con Trifón el judío*, Justino enfatizó que interpretaba en forma literal las promesas milenarias de los profetas del Antiguo Testamento.

> Yo y otros, que somos cristianos sensatos en todos los sentidos, estamos seguros de que habrá una futura resurrección de los muertos, y también mil años en Jerusalén, que será reconstruida, hermoseada y ampliada como lo prometen Ezequiel, Isaías y los otros profetas... Además, hemos percibido que la expresión "con el Señor un día es como mil años", se relaciona con este tema. Y también hubo cierto hombre con nosotros, cuyo nombre era Juan, uno de los apóstoles de Cristo, quien profetizó mediante una revelación que se le dio, que quienes creyeran en nuestro Cristo morarían mil años en Jerusalén; y que también se llevarían después a cabo la resurrección general y, en definitiva, el juicio de todos los hombres y la resurrección eterna.[14]

Puntos de vista similares fueron sostenidos por Ireneo, obispo de Lyon, quien fue mencionado antes en relación con Papías. Nacido en Asia Menor, Ireneo fue expuesto desde niño a las enseñanzas de Policarpo (discípulo de Juan). Más tarde se estableció en la parte occidental del Imperio romano y finalmente sucedió a Potino como

---

13. Johannes Quasten, *Patrology*, 4 vols. (1950; reimpresión, Westminster, MD.: Christian Classics, 1986), 1:196.

14. Justin Martyr, *Dialogue with Trypho*, 80-81. Alexander Roberts y James Donaldson, eds., *Ante-Nicene Fathers* (reimpresión, Grand Rapids: Eerdmans, 1973), I:239-40. Anteriormente, Justino reconoció que no todos los cristianos de su época compartían su misma perspectiva: "Ya antes te admití que muchos otros y yo tenemos esta opinión, y [creo] que esto ocurrirá, como tú seguramente sabes; sin embargo, por otra parte, te señalé que muchos de los que pertenecen a la fe pura y piadosa, y que son cristianos verdaderos, piensan de otra manera". Mientras que los amilenialistas hacen aquí muchos de los comentarios de Justino, es importante observar que él no expresa específicamente las opiniones de tales cristianos que "piensan de otra manera".

obispo de Lyon. Conocido como un verdadero "pacificador",[15] Ireneo ayudó a resolver varias disputas entre cristianos durante su vida, incluida una controversia sobre la fecha de la Pascua. Sin embargo, no permitió que su amor por la paz anulara su amor por la verdad. Por esto, Ireneo se dedicó a refutar herejías gnósticas, produciendo finalmente una obra de cinco volúmenes llamada comúnmente *Contra las herejías*.

Al comentar sobre la posición escatológica de Ireneo, el posmilenialista Keith Mathison observó:

> La escatología de Justino recibió su exposición más desarrollada del siglo II en los escritos de Ireneo, obispo de Lyon. Según Ireneo, el final de la era actual se caracterizará por un reinado de tres años del anticristo, quien profanará el templo en Jerusalén. Su reinado será interrumpido por el regreso de Cristo, quien lo lanzará al lago de fuego. En este momento, Cristo iniciará la era milenial. Cuando el milenio haya acabado habrá una resurrección general, el juicio final y el comienzo del estado eterno (*Contra las herejías*, 5.30.4).[16]

Para citar a Ireneo en sus propias palabras:

> Pero cuando este anticristo haya devastado todas las cosas en este mundo, reinará durante tres años y seis meses, y se sentará en el templo en Jerusalén; y luego el Señor vendrá del cielo en las nubes, en la gloria del Padre, enviando a este individuo y sus seguidores al lago de fuego; pero trayendo para los justos los tiempos del reino, es decir, el resto: el séptimo día santificado; y restaurando a Abraham la herencia prometida, en cuyo reino declaró el Señor "que vendrán muchos del oriente y del occidente, y se sentarán con Abraham e Isaac y Jacob en el reino de los cielos".[17]

15. Eusebio, *Historia eclesiástica*, 5.24.18.

16. Keith Mathison, *Postmillennialism: An Eschatology of Hope* (Philipsburg, NJ: P&R, 1999), 27.

17. Irenaeus, *Against Heresies*, 5.30.4. Roberts y Donaldson, *ANF*, I:560.

En otra parte, después de citar una cantidad de profecías milenarias del Antiguo Testamento, Ireneo concluyó:

> Todas estas y otras palabras fueron incuestionablemente dichas en referencia a la resurrección de los justos, la cual se lleva a cabo después de la venida del anticristo y la destrucción de todas las naciones bajo su gobierno; en la cual los justos reinarán en la tierra, fortaleciéndose mediante la vista del Señor.[18]

Así como Justino, Ireneo defendió su escatología premilenial tanto en las enseñanzas de los apóstoles como en las profecías del Antiguo Testamento. De quienes alegorizan la profecía del Antiguo Testamento, Ireneo simplemente comentó: "Sin embargo, aquellos que se esfuerzan por alegorizar [las profecías] de este modo, no se los encontrará coherentes consigo mismos en todos los puntos y serán refutados por la enseñanza de las mismas expresiones [en cuestión]".[19]

Otro premilenialista primitivo es Tertuliano, el famoso "padre de la teología latina" (*ca.* 160-220). Poco se sabe con seguridad sobre la vida de Tertuliano antes de ser cristiano, excepto que fue hijo de padres paganos y que recibió una educación excelente. Pudo haber sido abogado en Roma antes de dedicarse a la teología, lo que explicaría la terminología legal latina que él a menudo cristianiza, formando así la base para el latín teológico.

Una de las declaraciones más claras de Tertuliano con relación a la escatología premilenial se encuentra en su tratado en que denuncia al hereje Marción. Allí escribió:

> Pero confesamos que se nos ha prometido un reino en la tierra, aunque antes del cielo y solo en otro estado de existencia; ya que será después de la resurrección durante mil años en la ciudad divinamente construida de Jerusalén, "la cual desciende del cielo", a la que el apóstol también llama "nuestra madre de arriba"; y, aunque declarando que nuestra

18. *Ibíd.*, 5.35.1. Roberts y Donaldson, *ANF*, I:565.
19. *Ibíd.*

> [*politeuma*], o ciudadanía, está en el cielo, predice que es realmente una ciudad en el cielo. De esto Ezequiel tuvo conocimiento y el apóstol Juan lo vio.[20]

En otra parte reiteró su interpretación literal de Apocalipsis 20:

> En el Apocalipsis de Juan, nuevamente, el orden de estos tiempos es evidente... que después de arrojar al diablo al abismo por un tiempo, la bendita prerrogativa de la primera resurrección puede ser ordenada desde los tronos; y luego otra vez, tras el confinamiento de él [el diablo] al fuego, que el juicio de la resurrección final y universal puede determinarse por los libros.[21]

Al testimonio de Tertuliano podríamos añadir, entre otros, las palabras de Lactancio (*ca*. 240-320). En sus *Instituciones divinas*, que fue uno de los primeros intentos de una teología sistemática en la historia de la iglesia, Lactancio escribió:

> Pero Él [Cristo], cuando destruya la injusticia y ejecute su gran juicio, y devuelva la vida a los justos que han vivido desde el principio, estará comprometido entre los hombres mil años y los gobernará con solo ordenarlo... Más o menos al mismo tiempo también el príncipe de los demonios, quien es el creador de toda maldad, será atado con cadenas y encarcelado durante los mil años de gobierno celestial en que reinará la justicia en el mundo, para que no pueda planear ningún mal contra el pueblo de Dios. Después de la venida de Cristo, los justos serán reunidos de toda la tierra, y el juicio se completará, la ciudad sagrada será plantada en medio de la tierra, en la que Dios mismo el edificador morará junto con los justos, teniendo dominio sobre ella.[22]

En otra parte, Lactancio fue igualmente explícito:

---

20. Tertullian, *Against Marcion*, 3.24. Roberts y Donaldson, *ANF*, III:342.
21. Tertullian, *On the Resurrection of the Flesh*, 25. Roberts y Donaldson, ANF, III:563.
22. Lactantius, *The Divine Institutes*, 7.24. Roberts y Donaldson, ANF, VII:219.

> Por tanto, cuando haya paz y se suprima todo mal, ese Rey y Conquistador justo instituirá un gran juicio sobre la tierra en relación con los vivos y los muertos, entregará en sujeción todas las naciones a los justos que estén vivos, y resucitará de entre los muertos a los justos para vida eterna, reinará con ellos en la tierra, construirá la ciudad santa y este reino de los justos durará mil años.[23]

Lactancio enseñó que, una vez terminados los mil años, el diablo será liberado y volverá a organizar una rebelión de incrédulos. Una vez que el levantamiento sea aplastado y los enemigos de Dios sean destruidos, se marcará el inicio del estado eterno, y los creyentes "siempre se beneficiarán a la vista de Dios... y le servirán para siempre".[24]

Aunque este es solo un breve estudio de algunos de los padres premileniales de la iglesia, debería bastar para aclarar el punto, concretamente que la escatología premilenial floreció en las primeras generaciones de la iglesia neotestamentaria antigua. Basándose en el entendimiento que tenían tanto de la profecía del Antiguo Testamento como de la enseñanza apostólica, estos padres de la iglesia estaban convencidos de que Cristo regresaría victoriosamente a la tierra y establecería su reino en Jerusalén, durante mil años.

El surgimiento del amilenialismo

Como vimos en el capítulo 7 de esta obra, los eruditos amilenialistas reconocieron pronto que una lectura sencilla de los profetas del Antiguo Testamento lleva a perspectivas premileniales futuristas. El capítulo 8 explicó que Cristo y los apóstoles nunca rechazaron tales expectativas milenarias, sino que más bien las afirmaron como correctas. No es sorprendente entonces descubrir que el premilenialismo fue la opinión escatológica prevaleciente de la iglesia primitiva. Es específicamente significativo comprender que floreció en Asia Menor,

---

23. Lactantius, *The Epitome of the Divine Institutes,* 72. Alexander y Donaldson, *ANF,* VII:254.
24. Lactantius, *The Divine Institutes,* 7.26. Roberts y Donaldson, *ANF,* VII:221.

la región donde el apóstol Juan había ministrado y donde se escribió el libro de Apocalipsis.

Pero todo esto plantea una pregunta importante. Si el premilenialismo se enseñó en el Antiguo Testamento, se afirmó en el Nuevo y se adoptó ampliamente en la historia de la iglesia primitiva, ¿cómo entonces se desarrolló el amilenialismo, de modo que se convirtió en la posición mayoritaria de la Iglesia a lo largo de la Edad Media?

Los estudiosos han sugerido por lo menos cuatro factores que contribuyeron al desarrollo del amilenialismo, un punto de vista que tomó realmente forma en los siglos III y IV. Los dos primeros factores —hermenéutica alegórica y dualismo platónico— están relacionados, y entraron a la Iglesia a través de la influencia de la filosofía y cultura popular griega. Esta influencia fue particularmente fuerte en Alejandría, Egipto, donde afectó primero la enseñanza judía rabínica antes del tiempo de Cristo. Rick Bowman y Russell L. Penney explican: "Este tipo de interpretación alegórica puede verse en tiempos de Platón en que el hedonismo flagrante de las deidades se interpretaba simbólicamente para hacerlo aceptable. Incapaces de conciliar sus puntos de vista con la interpretación literal de las Escrituras, los primeros comentaristas judíos empezaron a alegorizar. Los rabinos de Alejandría, Egipto, comenzaron a enseñar alegóricamente para contrarrestar la crítica gentil del Antiguo Testamento".[25] Este enfoque rabínico tuvo mayor influencia en la Iglesia. El historiador Roger Olson muestra la relación: "El patrón alejandrino fue establecido en la época de Cristo por el teólogo judío y erudito bíblico Filón, quien creía que las referencias literales e históricas de las Escrituras hebreas tenían menor importancia. Intentó descubrir y explicar el significado espiritual o alegórico de las narrativas bíblicas... Muchos pensadores cristianos primitivos tomaron de Filón sus estrategias hermenéuticas, y eso en ninguna parte fue más cierto que en la misma Alejandría".[26]

No es sorprendente entonces descubrir que la oposición inicial al

25. Rick Bowman y Russell L. Penney, "Amillennialism", en *Dictionary of Premillennial Theology*, ed. Mal Couch (Grand Rapids: Kregel, 1996), 37.

26. Roger E. Olsen, *The Story of Christian Theology* (Downers Grove, IL: IVP, 1999), 202.

premilenialismo viniera de Alejandría.[27] "El primer oponente destacado [de un milenio literal] fue Clemente de Alejandría [aprox. 150-215], quien había recibido la influencia de la filosofía idealista platónica y había adoptado el método de alegoría griega de interpretación de las Escrituras".[28] El alumno de Clemente, Orígenes de Alejandría, llevó aún más lejos las opiniones de su maestro, popularizando la hermenéutica alegórica. Así lo explica Paul Benware: "Orígenes (185-254) y otros eruditos en Alejandría recibieron la enorme influencia de la filosofía griega, y trataron de integrar aquella filosofía en la teología cristiana. La filosofía griega incluía la idea de que las cosas materiales y físicas eran por naturaleza malas. Influenciados por esta manera de pensar, estos eruditos alejandrinos llegaron a la conclusión de que un reino terrenal de Cristo con su diversidad de bendiciones físicas sería algo malo".[29]

Armados con una hermenéutica alegórica, los intérpretes alejandrinos pudieron explicar textos del Antiguo Testamento que, tomados literalmente, señalan hacia un reino terrenal milenial. Debido a la influencia de la filosofía griega (dualismo platónico), estaban ansiosos por restar importancia a las bendiciones materiales prometidas por los profetas, y las reinterpretaron como realidades espirituales. "Según el dualismo platónico gnóstico (y en una interpretación tradicional), el cuerpo es inferior al alma en valor y más generalmente el mundo material es inferior al inmaterial".[30] Una comprensión espiritual del reino milenial se consideró más filosóficamente aceptable. En consecuencia, los puntos de vista premileniales fueron rechazados, ya

---

27. La epístola de Bernabé (escrita a principios del siglo II), que también vino de Alejandría, la han citado algunos como que tal vez sentaba las bases para las interpretaciones amilenialistas posteriores. Aunque Bernabé afirma ciertas ideas premilenialistas (y a menudo los premilenialistas lo reclaman), también afirma tanto una hermenéutica alegórica como una teología del reemplazo (cp. D. H. Kromminga, *The Millennium in the Church* [Grand Rapids: Zondervan, 1945], 37-40). Al final, quizás la afirmación de Keith Mathison sea la más segura: "Los escritos de Bernabé sobre el tema [del milenio] no están desarrollados lo suficiente para ubicarlo claramente en alguna categoría escatológica moderna" (Mathison, *Postmillennialism*, 25).

28. Frederick A. Tatford, *Will There Be a Millennium?* (Eastbourne, Inglaterra: Prophetic Witness Publishing House, 1969), 24.

29. Paul Benware, *Entienda la profecía de los últimos tiempos* (Grand Rapids: Portavoz, 2006), 103.

30. J. P. Moreland y Scott B. Rae, *Body & Soul: Human Nature and the Crisis in Ethics* (Downers Grove, IL: IVP, 2000), 22.

que se basaban en una interpretación literal de las promesas del Antiguo Testamento. Según reconoce el amilenialista William Masselink, "la filosofía gnóstica [dualista] de este período y la escuela alejandrina con sus interpretaciones alegóricas de las Escrituras también fueron un gran perjuicio para el progreso del quiliasmo".[31]

Un tercer contribuyente al desarrollo del amilenialismo (o por lo menos al rechazo del premilenialismo) fue una creciente oposición por parte de los cristianos hacia los judíos incrédulos. "Puesto que continuó la animosidad judía hacia los cristianos y que se hizo cada vez más claro que los judíos no creerían en Cristo, muchos cristianos comenzaron a ver a los judíos como sus enemigos".[32] Esta animosidad contribuyó al declive del premilenialismo, especialmente cuando los apologistas judíos argumentaban que Jesús no podía haber sido el Mesías ya que las promesas milenarias todavía no se han cumplido literalmente por medio de Él. Por tanto, Andrew Chester, hablando de la Iglesia neotestamentaria, observa:

> Es precisamente el hecho de que la gloriosa transformación de la tierra no se ha llevado a cabo lo que hace que el reclamo mesianismo cristiano sea susceptible al ataque judío, aunque las fuentes judías y cristianas tienen claramente en común la misma tradición y los mismos pasajes bíblicos, y en muchos aspectos son difíciles de distinguir unos de otros. Por tanto, es la estrecha conjunción entre las posiciones judía y cristiana lo que está sometido a polémica por los oponentes cristianos del quiliasmo, tales como Orígenes, a fin de establecer la posición cristiana como distintiva y deshecha de materialismo crudo.[33]

Al espiritualizar las promesas milenarias, Orígenes y otros intentaron defender el cristianismo de sus adversarios judíos, mientras diferenciaban aún más su escatología de las enseñanzas del judaísmo.[34]

31. Masselink, *Why Thousand Years?*, 27.

32. Michael Vlach, "The Church as a Replacement of Israel: An Analysis of Supersessionism" (tesis doctoral, Southeastern Baptist Theological Seminary, 2004), 40.

33. Chester, *Messiah and Exaltation*, 433.

34. Según Orígenes, rechazar una hermenéutica alegórica es rechazar por completo el cristianismo. Por eso escribió: "Si alguien quiere escuchar y entender estas palabras

Un cuarto contribuyente al desarrollo de la teología amilenial fue el importante cambio sociopolítico que se llevó a cabo en el Imperio romano entre los siglos primero y cuarto. La caída de Jerusalén en el año 70 d.C. y la revuelta de Bar Kochba en el 135 parecieron indicar que Dios ya no tenía planes para Israel como nación. Entonces, el inicio de un reinado cristiano en el siglo IV en Roma, bajo el gobierno de Constantino, fue interpretado por muchos como el cumplimiento de las promesas milenarias. Como resultado, el premilenialismo que había prevalecido en la iglesia primitiva ahora estaba completamente eclipsado. Citemos otra vez al historiador Philip Schaff:

> En Alejandría, Orígenes se opuso al quiliasmo como un sueño judío y espiritualizó el lenguaje simbólico de los profetas... Pero el golpe demoledor vino del gran cambio en la condición social y las perspectivas de la Iglesia en la era nicena. Después que el cristianismo, contrario a todas las expectativas, triunfó en el Imperio romano y fue aceptado por los mismos césares, en lugar de esperar y orar con anhelo por el reinado milenial, este comenzó a ser fechado desde la primera aparición de Cristo o desde la conversión de Constantino y la caída del paganismo, y a considerarse como ya realizado en la gloria de la dominante iglesia-estado imperial.[35]

En consecuencia:

[del Antiguo Testamento] en forma literal debe reunirse con judíos y no con cristianos. Pero si desea ser cristiano y discípulo de Pablo, que escuche a Pablo diciendo que 'la ley es espiritual' y declarando que estas palabras son 'alegóricas' cuando la ley habla de Abraham, su esposa y sus hijos" (Origen, *Homilies on Genesis*, 6.1. Ronald E. Hein, traducción, *Homilies on Genesis and Exodus* [Washington DC: Catholic University of America, 1982], 121). Más tarde, los padres de la Iglesia, como Jerónimo (*ca.* 347-420), acusarían aún más a los primeros premilenialistas de adoptar puntos de vista que eran demasiado cercanos al judaísmo. "En algunos pasajes, Jerónimo identifica las esperanzas judías con el establecimiento de un reinado de mil años en Jerusalén (CC 75, 400). El reinado de mil años (milenio) fue desde luego una idea cristiana sacada del libro de Apocalipsis, y cuando Jerónimo menciona este detalle observa que algunos cristianos sostenían puntos de vista similares. A estos cristianos los llama de diversas maneras 'medio-judíos', judaizantes, ebionitas, o amigos de la carta'" (Robert L. Wilken, *The Land Called Holy* [New Haven, CT: Yale University, 1992], 306).

35. Schaff, *History of the Christian Church*, 619.

> Los intentos por defender la doctrina de un literal reinado milenial de Cristo fueron viciados en gran manera por la conversión del emperador Constantino... y el cese de la persecución como consecuencia del cambio total de la actitud oficial hacia el cristianismo. En el disfrute del patrocinio imperial, parecía evidente para muchos que el reino había llegado y que las bendiciones milenarias anunciadas por los profetas se convertirían en posesión del pueblo de Dios aquí y ahora. En realidad, Eusebio, el padre de la historia de la iglesia, declaró específicamente que el reino ya había venido.[36]

Con la nación judía desaparecida y un imperio cristiano establecido en Roma, muchos creyentes ya no veían necesario esperar un reino mesiánico futuro en la tierra.

Agustín, el padre del amilenialismo

La oposición al premilenialismo había estado ganando terreno en los siglos III y IV, debido principalmente a las razones ya enumeradas. Sin embargo, fue Agustín (354-430) quien en realidad estableció el amilenialismo como la posición *de facto* de la Iglesia medieval. Aunque inicialmente se había inclinado hacia la perspectiva premilenial, el obispo de Hipona finalmente la rechazó porque sintió que promocionaba la carnalidad a través de su énfasis en las bendiciones materiales en un reino terrenal. Así señala Keith Mathison:

> A principios de su vida cristiana, a Agustín le atraía el milenarismo, pero más tarde lo rechazó. Parece que su rechazo en gran manera se debió hasta cierto punto a algunas de las versiones excesivamente carnales del milenarismo que eran comunes en su época. Cambió su posición y adoptó un enfoque simbólico para el capítulo veinte de Apocalipsis. En *La ciudad de Dios*, Agustín enseña que la primera resurrección

36. Tatford, *Will There Be a Millennium?*, 24.

> mencionada en Apocalipsis 20 es espiritual, la regeneración de personas espiritualmente muertas (20:6). En contraste con el premilenialismo, él enseña que la segunda resurrección ocurre en la segunda venida de Cristo, no mil años después.[37]

Las conclusiones teológicas de Agustín también recibieron la influencia de la hermenéutica alegórica y la filosofía griega de Alejandría.

> Aunque Orígenes y otros comenzaron a cuestionar la perspectiva premilenarista, fue Agustín el que sistematizó y desarrolló el amilenarismo como una alternativa para el premilenarismo. Igual que Orígenes, Agustín había sido educado en la filosofía griega y no pudo escapar a su influencia; esta probablemente sea la razón por la que veía el premilenialismo con suspicacia, pues lo veía como una perspectiva que promovía un tiempo de disfrute carnal... La actitud de Agustín, así como su teología, ha predominado desde aquella época en gran parte de la iglesia. Además, éste encontró el método de interpretación alegórico de Orígenes como una herramienta útil para soslayar las enseñanzas de ciertos pasajes milenarios. Por lo tanto, Agustín llegó a rechazar la idea premilenaria de un reino terrenal de Cristo, el cual había sido sostenido en la iglesia por varios siglos.[38]

Agustín declara sus razones para rechazar el premilenialismo en *La ciudad de Dios*. Allí escribe: "Esta opinión [de un milenio literal futuro después de la resurrección] podría permitirse si propusiera solo deleite espiritual a los santos durante este lapso (y una vez nosotros mismos fuimos de la misma opinión); pero al ver las aseveraciones de que los santos después de esta resurrección no harán nada más que deleitarse en banquetes carnales, donde la alegría excederá tanto la modestia como la medida, esto no es apto para que lo crean sino hombres carnales. Pero los que son real y verdaderamente

37. Mathison, *Postmillennialism*, 30.
38. Benware, *Entienda la profecía de los últimos tiempos*, 114.

espirituales llaman quiliastas a los de esta opinión".[39] Desde una perspectiva premilenial moderna, las razones de Agustín para rechazar una comprensión literal de la profecía milenaria parecen triviales.[40] Sin embargo, independientemente de lo que podría creerse de los méritos relativos de las conclusiones de Agustín, nadie cuestiona la influencia que su cambio de opinión tuvo en la historia de la Iglesia. Aunque aún existían algunos defensores del premilenialismo en el siglo quinto,[41] "la derrota definitiva del quiliasmo en Occidente se debió a Agustín, quien en su obra *La ciudad de Dios* identificó el milenio con la historia de la Iglesia sobre la tierra y declaró que, para aquellos que pertenecían a la Iglesia verdadera, la primera resurrección ya había ocurrido".[42]

La escatología de Agustín se convirtió en la norma para la Iglesia medieval en Occidente. Como indica Millard Erickson, "Los tres primeros siglos de la Iglesia estuvieron probablemente dominados por lo que hoy día llamaríamos premilenialismo, pero, en el siglo cuarto, un donatista africano llamado Ticonio propuso un punto de vista competitivo. Aunque Agustín era un gran oponente de los donatistas, adoptó la perspectiva de Ticonio sobre el milenio. Esta interpretación terminó dominando el pensamiento escatológico a lo largo de la Edad Media".[43] Es más, una forma modificada de la escatología amilenial de Agustín (en que el reino de Dios sobre la tierra se equiparaba con la Iglesia Católica Romana)[44] se volvió tan dominante que algunos teólogos medievales se fueron a los extremos de

39. Augustine, *The City of God*, 20.7. Citado de Peter Toon, *The Puritans, the Millennium and the Future of Israel* (Cambridge: James Clarke, 1970), 14-15. Para una traducción paralela, véase Philip Schaff, ed., *Nicene and Post-Nicene Fathers*, primera serie (reimpresión Grand Rapids: Eerdmans, 1956), II:426.

40. Como sostiene John F. Walvoord, *The Millennial Kingdom* (Grand Rapids: Zondervan, 1976), 50: "De esta manera y por razones triviales, Agustín abandona la interpretación literal de Apocalipsis 20. De algún modo, a pesar de todo su genio, no vio que podía abandonar esta enseñanza falsa sin abandonar la doctrina de un milenio literal".

41. Wilken, *The Land Called Holy*, 306.

42. G. E. Post, "Millennium", en *A Dictionary of the Bible*, ed. James Hastings (Nueva York: Scribners & Sons, 1900), 3:373.

43. Millard J. Erickson, *Christian Theology* (Grand Rapids: Baker, 2007), 1213.

44. Mathison, *Postmillennialism*, 33, observa: "La Edad Media (aprox. 1000-1500) no fue una época de desarrollo escatológico dramático. Una escatología agustiniana modificada, que vinculaba íntimamente a la Iglesia Católica Romana institucional con el reino de Dios, era la posición predominante".

suprimir el premilenialismo: "No solo que la perspectiva no milenaria se convirtió en la norma para la ortodoxia, sino que, comenzando con el Concilio de Éfeso en el siglo V y durante la Edad Media, los líderes de la Iglesia intentaron suprimir el milenarismo. Promovieron esta campaña incluso hasta el punto de alterar los escritos de los premilenialistas entre los padres de la iglesia primitiva tales como Ireneo".[45]

Más de mil años después de Agustín, cuando la Reforma irrumpió en escena, los reformadores predominantes mantuvieron una escatología no premilenial, que heredaron de la Iglesia medieval.[46] Aunque distanciaron al cristianismo verdadero de la institución del papado,[47] Lutero y Calvino sin embargo rechazaron de plano el premilenialismo, viéndolo como una corrupción peligrosa[48] que la Iglesia había descartado durante mucho tiempo.[49] Este rechazo es particularmente irónico en el caso de Calvino, como se analizó en el capítulo 7, puesto que se opuso rotundamente a la hermenéutica

---

45. Grenz, *The Millennial Maze*, 45-46.

46. Compárese con Walvoord, *The Millennial Kingdom*, 54. Walvoord señala: "Está claro que los grandes líderes protestantes como Calvino, Lutero y Melanchthon están clasificados correctamente como amilenialistas. En lo que respecta a la enseñanza milenaria, estaban contentos con seguir a la iglesia romana en un debilitado punto de vista agustiniano".

47. Mathison, *Postmillennialism*, 38. El autor explica: "A pesar de sus tendencias apocalípticas, Lutero estuvo de acuerdo con el rechazo católico común del quiliasmo. No obstante, hubo varios desarrollos importantes en el pensamiento de Lutero que lo diferenciaron de la doctrina oficial católica. Los más significativos de estos fueron: 1. Identificó la institución del papado como el anticristo. 2. Interpretó el libro de Apocalipsis como una profecía de toda la historia de la Iglesia. 3. Creyó que el milenio se había cumplido en la historia primitiva de la iglesia y terminó con el surgimiento de los turcos o con la institución del papado".

48. Grenz, *The Millennial Maze*, 49. Grenz expresa una de las razones por las que los reformadores veían con sospecha al premilenialismo: "Oficialmente, las iglesias de la Reforma continuaron el dominante no milenarismo de la Iglesia Católica Romana medieval. Recelosos del caos que percibieron que surgiría de las ideas revolucionarias de los reformadores más radicales [como Thomas Münzer y su rebelión de 1534], tanto Lutero como Calvino rechazaron el milenarismo en todas sus formas".

49. Masselink, *Why Thousand Years?*, 28. "La doctrina [del quiliasmo], como ya mencionamos, fue rechazada de manera tan categórica tanto por Lutero como por los demás reformadores, que nunca apareció en ninguna de sus confesiones... La Confesión de Augsburgo declara explícitamente que rechazan 'algunas doctrinas judías que hoy en día algunos enseñan, que dicen que antes de la resurrección de los muertos, los justos dominarán la tierra y destruirán a los impíos' (Confesión de Augsburgo, art. XVII)".

alegórica de Orígenes.[50] Sin embargo, fue a partir de esa hermenéutica alegórica que el amilenialismo se desarrolló inicialmente en la historia de la Iglesia.

Afirmación de la historia de la Iglesia

Está fuera del alcance de este capítulo discutir la historia de la escatología desde la Reforma hasta el presente. Nuestro objetivo doble fue (1) demostrar que el premilenialismo era el punto de vista predominante de los padres de la iglesia primitiva, y (2) brindar una explicación verosímil para el surgimiento del amilenialismo como se desarrolló en los siglos III y IV de la historia de la Iglesia. A fin de reiterar un punto establecido al principio: La historia no tiene autoridad como la tienen las Escrituras, pero sí afirma la posición premilenial, indicando que las primeras generaciones de cristianos generalmente interpretaron el testimonio apostólico a través del lente premilenial, en el cual se esperaba en la tierra un reino mesiánico futuro de mil años. El premilenialismo no es entonces un desarrollo reciente. Más bien es el punto escatológico de vista más antiguo en la historia de la Iglesia. Esa realidad añade tremenda credibilidad a la posición premilenial futurista.

---

50. Además, en base a la descripción de Calvino del premilenialismo antiguo, surge la duda de si él entendió el punto de vista que estaba rechazando. Calvino parece sugerir que los premilenialistas limitan el estado eterno a solo mil años. En su *Institución*, Calvino escribió: "No expondré aquí que ya en tiempo de san Pablo procuró Satanás destruirla. Pero poco después surgieron los quiliastas, que señalaron al reino de Cristo el término de mil años. Este desvarío está tan fuera de camino, que no merece respuesta. Ni el pasaje que citan del Apocalipsis, el cual sin duda dio el pretexto a su error, favorece en nada su opinión, ya que el número de mil de que allí se hace mención (Ap. 20,4) no se debe entender de la eterna felicidad de la Iglesia, sino de las diversas revueltas con que la Iglesia militante había de verse afligida. Por lo demás, toda la Escritura a una voz dice que ni la felicidad de los elegidos, ni los tormentos de los réprobos tendrán fin... Los que asignan a los hijos de Dios mil años para que gocen de la bienaventuranza, no consideran cuán grave afrenta infieren a Cristo y a su reino" (Juan Calvino, *Institución de la religión cristiana*, [quinta edición inalterada, Fundación editorial de literatura reformada, Barcelona 1999], 788-789).

Capítulo diez

¿CUÁN CIERTO ES EL PREMILENIALISMO FUTURISTA?

John MacArthur

¿Qué tienen en común Harold Camping, Hal Lindsey y R. C. Sproul? A pesar de sus posiciones diferentes sobre el milenio, cada uno de ellos creía que podía ser más bien específico acerca del tiempo exacto de la segunda venida de Cristo a pesar de las advertencias de las Escrituras de no especular.

El amilenialista Harold Camping predijo (en 1992) la segunda venida de Cristo y el final de este mundo como lo conocemos en 1994.[1] Su última predicción actualizada (en 2005) apuntó al 21 de mayo de 2011.[2]

El premilenialista Hal Lindsey también ha conjeturado al menos dos veces. Primero predijo 1988.[3] Más tarde, su posible fecha sugerida se movió al 2007.[4]

Incluso R. C. Sproul ha entrado en este escenario de fijar fechas,

1. Harold Camping, *1994?* (Nueva York: Vantage Press, 1992), 441-81.
2. Harold Camping, *Time Has an End!* (Nueva York: Vantage Press, 2005), 440-71.
3. Hal Lindsey, *The Late Great Planet Earth* (Grand Rapids: Zondervan, 1970), 53-54.
4. Hal Lindsey, *The Final Battle* (Palos Verdes, CA: Western Front, 1995), 262-63.

aunque en retrospectiva histórica. Como preterista moderado o parcial, marca la segunda venida de Cristo en el año 70 d.C. Sin embargo, a fin de permitir una resurrección general posterior, en realidad propone una tercera venida de Cristo en un tiempo futuro no determinado.[5]

Parece claro que los tres hicieron caso omiso a las lecciones aprendidas de los profetas del Antiguo Testamento y a la curiosidad insatisfecha de los apóstoles del Nuevo Testamento: no corresponde a los seres humanos conocer los tiempos precisos en los que ocurrirán los acontecimientos proféticos.

Pedro habló de los profetas del Antiguo Testamento:

> Los profetas que profetizaron de la gracia destinada a vosotros, inquirieron y diligentemente indagaron acerca de esta salvación, escudriñando qué persona y qué tiempo indicaba el Espíritu de Cristo que estaba en ellos, el cual anunciaba de antemano los sufrimientos de Cristo, y las glorias que vendrían tras ellos (1 P. 1:10-11).

Los apóstoles del Nuevo Testamento buscaron el consejo de Cristo sobre el tiempo específico de su segunda venida.

> Estando él sentado en el monte de los Olivos, los discípulos se le acercaron aparte, diciendo: Dinos, ¿cuándo serán estas cosas, y qué señal habrá de tu venida, y del fin del siglo?
>
> Jesús respondió:
>
> Del día y la hora nadie sabe, ni aun los ángeles de los cielos, sino sólo mi Padre (Mt. 24:3, 36; Mr. 13:4, 32).

Compara también Mateo 24:42, 44, 50; 25:13; y Lucas 12:39-40, 46, donde Cristo usa "hora" y "día" junto con parábolas acerca de su segunda venida.

No satisfechos con la primera respuesta de Cristo, más o menos

5. R. C. Sproul, *The Last Days according to Jesus* (Grand Rapids: Baker, 1998), 170.

siete semanas después en el Monte de los Olivos, inmediatamente antes de la partida del Mesías al cielo, ellos volvieron a inquirir:

> Los que se habían reunido le preguntaron, diciendo: Señor, ¿restaurarás el reino a Israel en este tiempo? Y les dijo: No os toca a vosotros saber los tiempos o las sazones, que el Padre puso en su sola potestad (Hch. 1:6-7).

Tras responder a la pregunta anterior con palabras precisas de tiempo, Cristo usa ahora palabras de tiempo de mayor duración en un sentido más general.

El factor de la curiosidad se extendió. Pablo escribe a la iglesia en Tesalónica, la cual según parece había inquirido de igual manera a los profetas del Antiguo Testamento y los apóstoles del Nuevo Testamento. Pablo responde:

> Acerca de los tiempos y de las ocasiones, no tenéis necesidad, hermanos, de que yo os escriba. Porque vosotros sabéis perfectamente que el día del Señor vendrá así como ladrón en la noche (1 Ts. 5:1-2).

Ni los profetas ni los apóstoles ni la iglesia primitiva necesitaban saber los tiempos (*crónos*), las sazones (*kairos*), el día (*jeméra*) o la hora (*jóra*). Trátese de aspectos específicos (día/hora) o de generalidades (tiempos/sazones), tanto Jesús como Pablo enseñaron la inutilidad de tales esfuerzos.

Si ellos no pudieron averiguar la fecha de la venida de Cristo, ¿por qué entonces las personas aún tratan de saber o especular? Siempre será así debido a una lamentable ignorancia de las Escrituras, a una vergonzosa mal interpretación de la Biblia, o simple y llanamente a la desobediencia voluntaria. Pero la respuesta obvia de las Escrituras es que no necesitamos saber el futuro con ese nivel de especificidad y, por tanto, Dios no lo reveló en su Palabra.

¿Significa entonces eso que hay más incertidumbre que certeza sobre aspectos específicos? En cierto sentido, sí: con respecto a un tiempo previsible en el futuro. Pero no con relación a la caracterización de la venida misma.

Tanto Cristo como Pablo dejaron muy en claro la imposibilidad de predecir con exactitud el tiempo del regreso de Cristo. Este no puede proyectarse específicamente por día y hora, ni puede extrapolarse más generalmente por tiempos y sazones. No podemos ni necesitamos saber el tiempo de la segunda venida de Cristo en estas maneras precisas. Así que evitemos la imposibilidad de predecir lo que solo Dios sabe, pero no ha revelado.

Ahora, si no podemos saber con certeza el tiempo (específico o general), ¿qué podemos entonces saber con seguridad? ¡Lo que Dios ha revelado en las Escrituras! El siguiente análisis bosqueja cinco certidumbres premileniales futuristas con relación a la segunda venida de Cristo.

La certeza del hecho[6]

Esta seguridad se basa en el atributo de la veracidad de Dios (Is. 65:16) y en la incapacidad de mentir (Tit. 1:2). Por tanto, todo lo que la Palabra de Dios enseña es verdad. Un silogismo básico valida esta conclusión: 1) Las Escrituras son la Palabra de Dios; 2) las palabras de Dios son ciertas; 3) por tanto, las Escrituras son ciertas.

Dios el Padre (Sal. 119:142, 151, 160), Dios el Hijo (Jn. 14:6) y Dios el Espíritu (Jn. 14:17; 15:26; 16:13) hablan solo verdad, toda la verdad y nada más que la verdad.

Para que no quepa duda de que las Escrituras hablan reiteradamente de la naturaleza veraz de Dios, dedica un momento a digerir esta corta declaración teológica sobre la veracidad divina.

> El énfasis del Nuevo Testamento en la veracidad es más pronunciado. Asevera que Dios es el Dios verdadero, o el Dios de verdad (Jn. 3:33, 17:3, Ro. 3:4, 1 Ts. 1:9); que sus juicios son veraces y justos (Ro. 2:2, 3:7, Ap. 15:3 y 16:7); que un

6. Para ser justos acerca de esta certeza del hecho, (con raras excepciones) todos los premilenialistas futuristas, premilenialistas históricos, amilenialistas y posmilenialistas, que toman la Biblia en serio, concuerdan. Discrepan en las certezas restantes.

> conocimiento de Dios es un conocimiento de la verdad (Ro. 1:18, 25). Afirma que Cristo es la luz verdadera (Jn. 1:9), el pan verdadero (Jn. 6:32) y la vid verdadera (Jn. 15:1). Cristo da testimonio verdadero (Jn. 8:14, Ap. 3:14); sus juicios son verdaderos (Jn. 8:16); Él es un ministro de la verdad de Dios (Ro. 15:8); está lleno de verdad (Jn. 1:14); es personalmente la verdad (Jn. 14:6, Ap. 3:7 y 19:11). Además, Cristo habla la verdad de Dios (Jn. 8:40-47). Al Espíritu Santo se le llama reiteradas veces el Espíritu de verdad (1 Jn. 5:7, Jn. 14:17, 15:26, y 15:13). Su ministerio es guiar a toda verdad (Jn. 16:13). Al evangelio, o fe cristiana, se le llama la palabra de verdad (2 Co. 6:7, Ef. 1:13, Col. 1:5, 2 Ti. 2:15, y Stg. 1:18). Se le llama la verdad de Cristo (2 Co. 11:10) y el camino de la verdad (2 P. 2:2). Se afirma que los cristianos han encontrado la verdad, y que los herejes o incrédulos no entienden la verdad (1 Jn. 2:27, 2 Ts. 2:13, Ef. 5:9, y 1 Jn. 3:19). A la Iglesia se le llama columna y baluarte de la verdad (1 Ti. 3:15).[7]

Ahora, con relación a los planes futuros que tenía, Jesús les dijo a los discípulos: "Vendré otra vez" (Jn. 14:3).

Los ángeles dijeron a los discípulos:

> Varones galileos, ¿por qué estáis mirando al cielo? Este mismo Jesús, que ha sido tomado de vosotros al cielo, así vendrá como le habéis visto ir al cielo (Hch. 1:11).

Pablo habló afirmativamente a los tesalonicenses acerca de que Cristo aparecería otra vez:

> El mismo Dios de paz os santifique por completo; y todo vuestro ser, espíritu, alma y cuerpo, sea guardado irreprensible para la venida de nuestro Señor Jesucristo (1 Ts. 5:23; también lo declara en 2:19; 3:13; 4:15).

7. Bernard Ramm, *The Pattern of Religious Authority* (Grand Rapids: Eerdmans, 1959), 22.

Con el triple testimonio de Cristo, los ángeles y el apóstol Pablo en la Palabra de Dios podemos estar seguros del hecho cierto de que Jesús regresará de nuevo. Pero, más allá de este punto, las varias expectativas proféticas difieren ampliamente. Solo el premilenialismo futurista ofrece seguridades bíblicas coherentes.

La certeza del tiempo relativo

Aunque no podemos saber con absoluta certeza el momento del regreso de Cristo, el tiempo relativo (es decir, la secuencia de los acontecimientos) puede conocerse con seguridad. Consulta el diagrama del premilenialismo futurista (p. 12) para ver una ilustración de los detalles en una secuencia de tiempo relativo.

Estas seguridades importantes incluyen:

- La era actual de la Iglesia (Hch. 2–Ap. 3).
- Que el próximo hecho profético importante es el arrebatamiento de la Iglesia que precede a la septuagésima semana de Daniel.
- Que los siete años de tribulación y la ira de Dios, que caracterizan a la septuagésima semana de Daniel (Ap. 6–18), siguen a un arrebatamiento pretribulacional.
- Que al final de la septuagésima semana de Daniel, Cristo viene a la tierra para establecer su reino (Ap. 19) de acuerdo con los pactos incondicionales de Dios y las promesas al Israel nacional.
- Que Cristo gobierna entonces sobre su reino milenial (de mil años de duración) prometido a Israel, en la tierra, desde Jerusalén, sentado en el trono davídico prometido desde hace mucho tiempo (Ap. 20:4-6).

La certeza de la condena eterna de Satanás después del gobierno de mil años de Cristo en la tierra

Satanás será encarcelado (20:1-3), no durante la era de la Iglesia sino durante el reinado de Cristo sobre Israel y el mundo (Ap. 20:4-6).

Pero al final de los mil años, el diablo recibirá una última oportunidad de engañar al mundo (20:7-8).

La rebelión final contra Dios y su gobierno se producirá. Todos los anarquistas morirán por fuego enviado desde el cielo (20:9) y Satanás irá a parar al lago de fuego por los siglos de los siglos (20:10).

La certeza del juicio eterno de los incrédulos después del reinado de mil años de Cristo en la tierra

Apocalipsis 20:11-15 narra, en forma breve pero específica, el juicio final después del gobierno del Mesías en el mundo desde Jerusalén (el juicio del gran trono blanco) en que los incrédulos de todos los tiempos serán juzgados culpables de pecado según lo indique el Juez Justo, y sentenciados a una existencia eterna en el lago de fuego con Satanás, la bestia y el falso profeta, lejos de la presencia de Dios (2 Ts. 1:3-10).

La certeza de la eternidad futura en la que todos los creyentes vivirán para siempre después del gobierno de mil años de Cristo sobre la tierra

¿Qué viene después de todo esto? Un cielo nuevo y una tierra nueva (Ap. 21:1). Esto describe la eternidad futura en todo su glorioso esplendor (21:2–22:15).

Todas estas certezas cuadran con el premilenialismo futurista, pero no completamente con el amilenialismo, premilenialismo histórico ni posmilenialismo. Estas características se han extraído de las Escrituras para entender todo cuanto Dios ha revelado en su Palabra, pero no más. No se han impuesto en las Escrituras a partir de un sistema teológico preconcebido (tal como la teología del pacto) como ocurre en el amilenialismo, premilenialismo histórico y posmilenialismo.

En resumen

¿Cuán seguro es el premilenialismo futurista? ¡Tan seguro como la veracidad y las promesas de Dios en las Escrituras!

Así que la próxima vez que alguien te pregunte: "¿Qué *crees* en cuanto al milenio?", no tendrás que emplear la débil respuesta del "promilenial" o del "panmilenial" que se mencionan en el prólogo. Ahora puedes responder con confianza y convencimiento: "¡*Creo* en las seguridades bíblicas del premilenialismo futurista!".

Estas certezas proféticas no solo deberían afectar tus creencias, sino también tu *comportamiento:*

> Nosotros esperamos, según sus promesas, cielos nuevos y tierra nueva, en los cuales mora la justicia. Por lo cual, oh amados, estando en espera de estas cosas, procurad con diligencia ser hallados por él sin mancha e irreprensibles, en paz... Antes bien, creced en la gracia y el conocimiento de nuestro Señor y Salvador Jesucristo. A él sea gloria ahora y hasta el día de la eternidad. Amén (2 P. 3:13-14, 18).

Entonces, junto con el apóstol Juan *supliquémosle* al Mesías: "Ven, Señor Jesús" (Ap. 22:20).

Recursos recomendados

Premilenialismo futurista

Benware, Paul N. *Entienda la profecía de los últimos tiempos*. Grand Rapids: Portavoz, 2006.

Eerdman, Martin. *The Millennial Controversy in the Early Church*. Eugene, OR: Wipf and Stock, 2005.

Feinberg, Charles L. *Millennialism: The Two Major Views*, tercera edición, 1980. Reimpresión, Winona Lake, IN: BMH, 2009.

MacArthur, John. *Porque el tiempo sí está cerca*. Grand Rapids: Portavoz, 2009.

McClain, Alva J. *La grandeza del reino*. Winona Lake, IL: Editorial Cordillera, 1997.

Thomas, Robert L. *Revelation 1–7: An Exegetical Commentary*. Chicago: Moody, 1992.

__________. *Revelation 8–22: An Exegetical Commentary*. Chicago: Moody, 1995.

Israel

Diprose, Ronald E. *Israel in the Development of Christian Thought*. Roma: Instituto Bíblico Evangélico Italiano, 2000.

Fruchtenbaum, Arnold G. *Israelology: The Missing Link in Systematic Theology*. Ed. rev. Tustin, CA: Ariel Ministries, 2001.

Horner, Barry. *Future Israel.* Nashville, TN: B&H, 2007.

House, H. Wayne, ed. *Israel: The Land and the People.* Grand Rapids: Kregel, 1998.

Larson, David. *Jews, Gentiles, and the Church.* Grand Rapids: Discovery House, 1995.

Vlach, Michael. *Has the Church Replaced Israel?* Nashville, TN: B&H, 2010.

Pretribulacionismo

Ice, Thomas y Timothy Demy, eds. *When the Trumpet Sounds.* Eugene, OR: Harvest House, 1995.

LaHaye, Tim. *El arrebatamiento.* Miami Gardens, FL: Patmos, 2004.

____________. *El regreso glorioso.* Waterville, Maine: Thorndike Press, 1999.

Showers, Renald. *MARANATHA-Our Lord, Come!* Bellmawr, NJ: Friends of Israel, 1995.

Glosario

Amilenialismo. Escuela de pensamiento profético del siglo IV d.C. que enseña que la Iglesia es el Israel espiritual, que Cristo gobierna en un reino celestial (no en un reino terrenal) y que todos los acontecimientos de los últimos tiempos ocurren casi simultáneamente justo antes de que comience la eternidad futura.

Antinomianismo. Creencia que lleva a estar en contra de la ley de Dios y, por tanto, a vivir en desafiante desobediencia a las Escrituras.

Arminianismo. Teología basada en el pensamiento de Jacobus Arminio (1560-1609) que es contrario al calvinismo, especialmente en el papel de la soberanía de Dios en la salvación.

Arrebatamiento. Acción realizada por parte de Cristo, mencionada en 1 Tesalonicenses 4:13-18, de arrebatar a la Iglesia del mundo.

Calvinismo. Teología basada en el pensamiento de Juan Calvino (1509-1564), especialmente en lo relacionado con la teología reformada.

Dispensación. Se refiere no solamente a un período, sino a administraciones diferentes en las manifestaciones eternas del propósito redentor de Dios. Sin embargo, el camino de salvación por gracia de Dios mediante la fe en Jesucristo sigue siendo el mismo en cada dispensación.

Dispensacionalismo. Escuela de interpretación bíblica del siglo XIX que emplea constantemente la hermenéutica normal a lo largo de las Escrituras.

Eclesiología. Estudio teológico de la Iglesia.

Era de la Iglesia. Período desde Pentecostés (Hch. 2) hasta el arrebatamiento de la Iglesia al cielo.

Era patrística. De los siglos II al V d.C., que abarca el período de los padres de la iglesia primitiva.

Escatología. Estudio teológico de las cosas futuras.

Eternidad futura. Era interminable después del reinado milenial de Cristo mencionado en Apocalipsis 21–22.

Exégesis. Extraer el verdadero significado de un texto bíblico mediante la aplicación hábil de principios hermenéuticos.

Hermenéutica. Principios generalmente aceptados de interpretación de literatura, especialmente la Biblia.

Mesotribulacionismo. Ubica al arrebatamiento a mediados de la semana septuagésima de Daniel.

Milenio. Período de mil años durante el cual el Mesías gobernará en el mundo sentado en el trono davídico en Jerusalén, descrito en Apocalipsis 20.

Posmilenialismo. Escuela de pensamiento profético del siglo XVIII que anticipa el triunfo de la Iglesia sobre el mundo antes de la segunda venida de Cristo.

Postribulacionismo. Ubica el arrebatamiento al final de la semana septuagésima de Daniel.

Premilenialismo. Escuela de pensamiento profético del siglo II que enseña que Cristo gobierna sobre un reino terrenal después de su segunda venida.

Premilenialismo dispensacional. Otro término para Premilenialismo futurista.

Premilenialismo futurista. Escuela de pensamiento profético que resulta de un uso normal de la hermenéutica y que produce un punto de vista futurista de Apocalipsis 6–20, e incluye el reino milenial de Cristo de mil años de duración. Esta fue la perspectiva predominante en la iglesia primitiva.

Premilenialismo histórico (del pacto). Escuela de pensamiento profético que cree en un reino futuro de Cristo en la tierra, pero que interpreta que Apocalipsis 6–18 ya se ha cumplido, y de ahí el nombre "histórico".

Preterismo. Escuela de pensamiento profético que propone que la segunda venida de Cristo ocurrió en el año 70 d.C.

Pretribulacionismo. Ubica al arrebatamiento antes de la semana septuagésima de Daniel.

Septuagésima semana de Daniel. Tiempo mencionado en Daniel 9:24-27 que corresponde al período de siete años de tribulación que sigue al arrebatamiento de la Iglesia y justo antes del reinado milenial de Cristo en la tierra.

Soteriología. Estudio teológico de la salvación.

Supersesionismo. Creencia en que la Iglesia ha sustituido a Israel como pueblo de bendición elegido por Dios.

Teología del pacto. Sistema teológico del siglo XVII d.C. basado en pactos no expresados directamente en las Escrituras.

Teología del reemplazo. Escuela teológica que enseña que la Iglesia ha reemplazado a Israel como objeto de la bendición de Dios.

Teología reformada. Escuela teológica que enfatiza la soberanía de Dios y la pecaminosidad humana en relación con la salvación.

Tipo. Recurso literario por el cual un individuo o suceso histórico representa simbólicamente a un individuo o suceso, pero futuro: al individuo o suceso futuro a veces se le llama "antitipo". Por ejemplo, el cordero pascual del Antiguo Testamento (Éx. 12) se entiende comúnmente como un *tipo* de Cristo (quien en este caso es el *antitipo* del cordero pascual). El estudio de los tipos se conoce como *tipología*. El premilenialismo futurista niega que Israel sea un tipo de la Iglesia en el sentido de que la Iglesia reemplaza a Israel.

Tribulación. Véase "Septuagésima semana de Daniel".

Índice de escrituras

Antiguo Testamento

Marcos

Lucas

Juan

Obras apócrifas

1 Enoc

2 Enoc

4 Esdras

Testamento de Isaac

Libro de los Jubileos

Pseudoepigrafía

Salmos de Salomón

Textos antiguos

Ireneo

Contra las herejías

"El *Comentario MacArthur del Nuevo Testamento* es la culminación de los comentarios bíblicos, así de sencillo. No se había visto desde los tiempos de Juan Calvino en Ginebra que un pastor permaneciera en el púlpito y produjera un conjunto teológico semejante a este. Hay aquí exégesis, exposición, doctrina, homilética, hermenéutica, revelación, pastoral y práctica; todo en esta serie. Si me encerrara en una habitación para preparar un sermón y solo tuviera una Biblia y una herramienta de referencia, esta sería la herramienta: el *Comentario MacArthur del Nuevo Testamento*, un tesoro expositivo sin par. No volveremos a ver en esta generación una obra de esta magnitud producida por un solo hombre".

—Dr. Steven J. Lawson,
Pastor principal, Christ Fellowship Baptist Church, Mobile, AL (USA)

Aclamado como uno de los expositores más talentosos de hoy, MacArthur presenta una visión sistemática de las principales creencias cristianas. Profundiza tu comprensión de las doctrinas relacionadas con la Palabra de Dios, cada persona de la Trinidad, la humanidad y el pecado, la salvación, los ángeles, la iglesia y el futuro del mundo.

EDITORIAL
PORTAVOZ

NUESTRA VISIÓN

Maximizar el efecto de recursos cristianos de calidad que transforman vidas.

NUESTRA MISIÓN

Desarrollar y distribuir productos de calidad —con integridad y excelencia—, desde una perspectiva bíblica y confiable, que animen a las personas a conocer y servir a Jesucristo.

NUESTROS VALORES

Nuestros valores se encuentran fundamentados en la Biblia, fuente de toda verdad para hoy y para siempre. Nosotros ponemos en práctica estas verdades bíblicas como fundamento para las decisiones, normas y productos de nuestra compañía.

Valoramos la excelencia y la calidad.
Valoramos la integridad y la confianza.
Valoramos el mérito y la dignidad de los individuos y las relaciones.
Valoramos el servicio.
Valoramos la administración de los recursos.

Para más información acerca de nuestra editorial y los productos que publicamos visite nuestra página en la red: www.portavoz.com.